区块链技术助推数字经济发展研究

袁峰　詹晖◎著

中国纺织出版社有限公司

图书在版编目（CIP）数据

区块链技术助推数字经济发展研究／袁峰，詹晖著
. --北京：中国纺织出版社有限公司，2022.12
　ISBN 978-7-5229-0338-5

Ⅰ.①区…　Ⅱ.①袁…②詹…　Ⅲ.①区块链技术－
作用－信息经济－产业发展－研究－中国　Ⅳ.①F492

中国国家版本馆CIP数据核字（2023）第026652号

责任编辑：房丽娜　　责任校对：高　涵　　责任印制：储志伟

中国纺织出版社有限公司出版发行
地址：北京市朝阳区百子湾东里A407号楼　邮政编码：100124
销售电话：010—67004422　传真：010—87155801
http://www.c-textilep.com
中国纺织出版社天猫旗舰店
官方微博 http://weibo.com/2119887771
三河市延风印装有限公司印刷　各地新华书店经销
2022年12月第1版第1次印刷
开本：710×1000　1/16　印张：12.5
字数：220千字　定价：78.00元

前　言

随着互联网、云计算、大数据、人工智能等新一代信息技术的发展，这些新技术同社会各个方面不断进行深度融合，由此产生了数字经济。同时，数字经济也是全球经济增长的重要引擎。社会进入数字经济时代，新时代呼唤网络应用的新体系，区块链应运而生。区块链巧妙地将对等网络、分布式记账、数字签名、智能合约等多种技术结合，在接入认证、交易追溯、数据加密、隐私保护、公证仲裁等环节都有与传统方式不同的创新，在数据流通与保护方面提供了更为安全的保障。区块链是基于互联网时代的一种计算机技术的创新应用模式，其特点主要包括分布式数据存储、点对点传输、共识机制、加密算法等。一般情况下，人们普遍认为区块链是继大型机、个人电脑、互联网之后计算模式的颠覆式创新，正在全球范围内引起一场新的技术革新和产业变革。就目前来看，区块链的应用已延伸到物联网、智能制造、供应链管理、数字资产交易等多个领域。

本书共七章内容。第一章为数字经济发展简要分析，主要论述了数字经济的概念及深层分析、数字经济的基本原理、发展数字经济的意义及优势、我国数字经济发展状况和数字经济的技术及应用发展五个方面的内容；第二章为数字货币与区块链简介，主要介绍了比特币和以太坊、区块链基本情况介绍、区块链的工作原理、区块链技术落地应用；第三章为区块链与数字经济的关联，主要内容为产业数字化、数字产业化和数字经济时代；第四章为区块链构建数字时代新框架，分别论述了区块链引领数字经济变革、区块链参与物联网架构、区块链创新共享经济和区块链与大数据的融合发展；第五章为区块链推动产业数字化，介绍了数字经济下的产业数字化发展、区块链赋能实体经济发展和区块链提升民生领域信息化成效三方面内容；第六章为区块链加快数字资产发展，内容包括数字资产概述、数字资产发展现状和区块链推动数字资产发展；第七章为从分布式商业到分布式经济，包括"区块链＋商业"＝分布式商业和分布式商业与分布式经济两方面内容。

在撰写本书的过程中，作者得到了许多专家学者的帮助和指导，参考了大量的学术文献，在此表示真诚的感谢。本书内容系统全面，论述条理清晰、深入浅出，但由于作者水平有限，书中难免会有疏漏之处，希望广大同行及时指正。

作者

2022 年 5 月

目 录

第一章　数字经济发展简要分析

本章主要内容为数字经济发展简要分析，分别介绍了数字经济的概念及深层分析、数字经济的基本原理、发展数字经济的意义及优势、我国数字经济发展状况和数字经济的技术及应用发展。

第一节　数字经济的概念及深层分析

一、数字经济的概念

人类社会的发展在经历了农业经济、工业经济之后，迎来了一种全新的经济社会发展状态——数字经济。关于数字经济的定义，虽然不同的时期内不同的学者或者研究机构都对其进行了研究，但是到目前为止，研究界仍旧没有统一的定论。实际上，从字面意思来看，数字经济是在数字技术的基础上，由数据信息在网络中流行形成的一种经济活动。业界虽然对数字经济的定义还没有统一的定论，但是将数字经济看作一个经济系统已成为学者们的共识。他们普遍认为在数字经济这个系统中，广泛使用数字技术可以给整个经济环境和经济活动带来实质性的变化。除此之外，数字经济也是一个信息和商务活动都数字化的全新社会政治和经济系统。企业、消费者和政府之间通过网络进行的交易迅速增长。

数字经济可以看作全社会信息活动的经济总和。在理解数字经济的时候，要注意把握以下三个方面：第一，信息同物质、能量一样，都是人生存过程中基本的生产要素之一，是不可或缺的；第二，信息活动往往是围绕人类经济社会发展进行的，包括信息生成、采集、编码、存储、传输、搜索、处理、使用等，是一切行为以及支持这些行为的 ICT 制造、服务与集成；第三，信息活动具有三个属性，即社会属性、媒体属性、经济属性，数字经济关注信息活动的属性主要是经济属性，也就是信息活动的经济总和。

一般情况下，我们可以从广义和狭义两个方面对数字经济进行理解。具体来讲，狭义的数字经济是一种商业模式的数字技术所引起的部分产出，这种商业模式的数字技术完全或者主要基于数字产品或者服务，主要包括软件制造、信息服务等行业。广义的数字经济是指数字化经济，其英文为 Digitalized Economy，它包括一切基于数字技术的经济活动，换句话说，广义的数字经济不仅包括狭义的数字经济，也包括工业 4.0、精准农业、电子商务等行业。

中国信息通信研究院对数字经济进行了分类，并且这种分类方法已经得到许多学者和研究机构的认同，即将数字经济分为数字经济基础部分和数字经济融合部分。其中，数字经济基础部分包括电子信息制造业、信息通信业以及软件服务业等；数字经济融合部分是指将数字技术应用到制造业、服务业等传统行业所增加的产出。

数字经济是随着互联网的发展形成的，可以说是互联网发展到成熟阶段后产生的一种经济形态。因此，数字经济已经超越了信息产业范围与互联网技术范畴，与其他类型的经济相比，具有更加丰富的内涵。

（一）数字经济是一种经济社会形态

随着经济的发展，人们从农业经济时代发展到工业经济时代，进入 21 世纪之后，互联网经济迅猛发展，逐渐形成了一种新的社会形态——数字经济。对于数字经济，我们要站在人类经济社会形态演进的角度，对数字经济的深刻长远影响进行分析。

（二）数字经济是一种基础设施

数字经济相比其他经济是技术层面和工具层面上的一种革新，同时从本质上来说，数字经济也是一种网络化的基础设施，具体来讲，类似工业时代就是建立在电力、交通等物理基础设施网络之上，未来经济是建立在数字基础设施之上的。与此同时，在物联网技术的支撑下，不久的将来，传统基础设施也会实现全面数字化，从而进入万物互联的时代。

（三）数字经济是一种技术经济范式

在科学技术的发展史上，蒸汽机、电力等都属于通用目的技术（GPT），数字技术也是一种非常重要的通用目的技术，因此数字技术的发展必然对经济和社会起到重塑作用，与此同时，数据也将成为最重要的生产要素，对各行各业的商业模式和盈利方式进行重构，从而使未来的所有产业逐渐实现数字化，以及使未来的企业都变成数字化企业。

二、数字经济的深层分析

（一）数字经济的基本特征

数字经济作为一种有别于农业经济和工业经济的新型经济形态，呈现出一些传统经济所不存在的独有特点，具体表现在以下几个方面：

1. 数字化

在数字经济时代，所有的信息都能够以数字化的形式进行表达、传送和储存。因此，数据已然成为经济发展重要的驱动因素和关键的生产要素。在数字经济的领域中，每时每刻都在产生海量的数据，与此同时，随着移动互联网和物联网的蓬勃发展，已经实现了人与人之间、人与物之间、物与物之间的互联互通，在此过程中，数据资源的种类和数量也呈现出爆发式增长趋势。庞大数据量的出现，对数据处理和数据应用提出了更大的需求，在这样的背景下催生了大数据概念。随着大数据技术的发展，又使数据成为重要的战略资产，也就是说数据资源成为企业的核心实力，谁掌握了数据，谁就具备了发展的优势。这是因为数据对数字经济技术的发展有重要的驱动作用：一方面，数据可以驱动数字经济技术不断进行技术创新；另一方面，数据还会驱动数字经济技术不断进行模式创新。由此看来，人们对数据的挖掘、分析和利用，可以使数据产生巨大的价值。

2. 智能化

智能化是指在互联网、大数据、物联网、人工智能等技术的支撑下，事物能够能动地满足人类需求的属性。要想实现智能化，就要依赖算法，算法是指计算机程序运行的一系列规则，定价算法和推荐算法已经作为构建平台的底层技术要素被广泛运用到电子商务、新闻媒体、交通、医疗等领域。

近年来，随着人工智能在多个领域中不断实现突破，数字经济已然进入以智能化为核心的发展阶段。就目前看来，数字经济的商业模式，仍旧集中在语音识别、自动驾驶、机器人写稿、图像识别、医疗辅助等单一的弱人工智能应用上，其中具有代表性的公司包括百度、科大讯飞、阿里巴巴等。在不久的将来，随着智能化技术的不断发展，数字经济也会发生质的变化，不断推动着人类生活方式的新变革。

如今，随着互联网技术的发展，人们进入了资源共享的时代，未来所有企业的核心战略将变成加快传统企业的数字化转型，即传统企业依靠互联网、大数据、云计算等数字技能，利用包括个人、企业、政府甚至是社会的闲置资源，不断推动自身向数字化转型。具体来讲，传统企业要依靠"互联网＋企业"的模式，转变传统的思维，应用数据化思维，充分利用共享资源，建立连接内外资源的协作共享机制。在数字化的协同平台以及资源、财务、法务共享平台建立之后，企业内部能够实现互联互通，从而做到精细化管理，进而使传统企业向智能化发展。

3. 平台化

随着互联网技术的发展，目前互联网平台模式已经成为数字经济的重要组成形式。平台实际上是一种市场组织，处于居中的位置，在两个或多个企业之间起着撮合和连接作用，平台的设置能够促进不同群体之间的交互与匹配。通常情况下，平台具有跨界网络效应，也就是说，平台的一边是产品或服务提供用户，另一边是接受产品或服务的用户，产品或服务提供用户的规模直接决定着一个平台产品或服务对接受服务用户的价值。例如，在网约车平台上，假如司机特别多，那么这个平台对于乘客的价值就很大，相反，作为一个网约车平台，如果能够提供服务的司机很少，那么对于乘客来说，这个平台就没有什么价值。

数字经济的发展，受到网络效应的影响，往往在许多细分领域内会很容易形成"赢家通吃""一家独大"的市场格局，数字平台的崛起，已经成为全球数字经济发展的重要现象与必然规律。互联网平台依托"云网端"新基础设施创造了全新的商业环境，工业经济供应链体系中的巨头已经无法阻隔信息流的流通，大大缩短了供应商和消费者之间的距离，沟通成本的降低使大规模协作的形式逐渐形成。

4. 共享化

（1）共享时代要求数字经济具有共享性。在如今这个共享时代，社会、经济的发展要求数字资源具有良好的共享性。因此，数字经济的发展要抓住不断拓展数字信息资源这个主要方向，重点关注自身数字技术的集成、存储分析以及交易业务，从而在共享经济占据重要地位的今天，能够将数字技术资源的新价值最大限度地释放出来。

（2）共享时代要求数字技术与产业融合发展。为了适应当今社会、经济迅速发展的趋势，更多的商业发展模式是产业发展所迫切需求的。在这样的背景下，要想创造出更多的商业模式，就要让数字技术与产业进行融合发展。这是因为坚持数字技术与产业融合发展，能够通过产业的融合实现产业的数字化和智能化，从而使产业的边界逐渐模糊，最终形成产业开放化，实现产业价值网络的转型和升级。

（3）共享时代要求数字经济发展具有强大的服务功能。在共享时代，为了使共享商业模式的需求增加，我们就必须发展数字经济强大的服务功能。具体来讲，要将数字经济发展的重要方向放在服务型数字产业上，因为服务型数字产业正是融合了服务业和数字技术，所以服务型数字经济在当前这个数字经济共享的时代展示出了其良好的应用性。随之而来的是以数字技术为基础的数字金融智能支付、智慧物流、智慧健康、数字信息服务等服务型数字产业也将在共享时代迅猛发展。

5. 跨界融合

数字经济在发展过程中，跨界融合的特点越来越突出，主要表现在以下方面：

（1）供给方和需求方的界限日益模糊，逐渐成为融合的"产销者"。

首先，从供给方来分析，企业在分析消费者行为和习惯的时候，可以充分利用大数据技术，对用户的需求进行挖掘。这样就可以从用户的需求出发，利用新技术有针对性地对客户所需求的产品进行开发。举个例子来说，为了迎合消费者的消费行为和习惯，企业可以借助 3D 打印的技术进行个性化的设计和生产。

其次，从需求方来分析，随着社会经济的发展、科技的进步、人们生活水平的提高，消费透明度、消费者参与度不断增加，再加上新消费模式的出现，企业传统的产品设计、推广和教辅方式已经无法满足当代经济发展下消费者的需求，因此企业不得不考虑改变原来的设计、推广以及交付方式等。

（2）人类社会网络世界和物理世界日益融合。随着互联网的普及，数字技术的发展，网络世界不再是物理世界的虚拟映像，而是已逐渐变为人类新的生存空间，为人类生存创造出了新的天地。与此同时，随着信息物理系统（CPS）的兴起和发展，数字技术与物理世界不断融合，在网络世界的影响下，现实物理世界的发展速度成指数级增长。信息物理系统之所以能够实现网络世界和现实物理世界的融合，主要是因为该系统包含了无处不在的环境感知、嵌入式系统、网络通信和网络控制等系统工程，从而使我们身边的各种物体具有计算、通信、精确控制、远程协助和自组织功能，并且使计算能力与物理系统紧密结合与协调。除此之外，在人工智能、VR（虚拟现实）、AR（增强现实）等技术的推动下，物理世界、网络世界和人类社会之间的界限逐渐消失，三者逐渐融合，为人类构成了一个互联互通的新世界。

（二）数字经济的类型

数字经济以信息网络为依托，通过信息通信技术与其他领域紧密结合。它以数字化信息为关键资源，主要形成了以下五种类型：

1. 基础型数字经济

基础型数字经济就是指在传统信息产业基础上形成的数字经济，换句话说，基础型数字经济由传统的信息产业构成。同时，基础型数字经济也是数字经济的内核。

2. 融合型数字经济

在传统产业生产、销售、流通、服务等各个环节中，不断融入信息采集、传输、存储、处理等信息设备后形成了一种新的生产组织方式。传统产业中的信息资本存量带来的产出增长份额，构成了融合型数字经济。

3. 效率型数字经济

在传统产业发展过程中，随着信息通信技术的普及，全要素生产率的提高，带来的产出增长份额，构成了效率型数字经济。

4. 新生型数字经济

随着信息通信技术的发展，新技术、新产品、新业态等不断出现，从而构成了新生型数字经济。

5.福利型数字经济

信息通信技术的普及，还带来了消费者剩余和社会福利等众多外部效应，这些外部效应就构成了福利型数字经济。

第二节　数字经济的基本原理

数字技术信息是以比特（bits）形式呈现的，这样就使数据存储、计算和传输的成本得到了有效降低。数字经济就是研究数字技术是否以及怎样改变经济活动的一种经济形态。

一、数字经济的供给侧特征

（一）数据成为关键生产要素

1.数据要素的概念

这里我们要区分"大数据"与"数据要素"两个概念的差异。"大数据"具有以下特点：数据量大、种类繁多、时效高和价值低，这些特点就决定了数字经济时代中的数据就像大海一样广阔无垠，且大多难以直接利用。因此，开启数字经济时代的关键点之一，就是如何寻找有价值的数据资源以及如何挖掘其潜在的商业价值。数字经济时代将大量的数据经过提取、加工、归纳提炼之后具有的某种应用价值，能够用于指导实践或商业化创新的信息或知识，称为"数据要素"。

人类社会进入信息化时代之后，先后经历了信息经济、网络经济和数字经济三个阶段。伴随着实践的进步，人们对于数据、信息和知识的认识也逐步深化。为了进一步理解"数据要素"这个概念的含义，我们沿用知识经济学中对上述三个概念的解释，并以此为基础引出"数据要素"的概念。

（1）数据、信息和知识。所谓数据，实际上是一系列非随机的符号组，它通常以文本、声音或图像等形式对观察、测量或者事实进行记录。数据本身其实是没有意义的，在经过加工、处理、分析后的数据才有意义，没有处理过的数据只能算是信息的原始资料。

所谓信息，其实就是数据在经过处理之后形成某种形式，这种形式的数据能够为接受者提供帮助，对接受者来说具有一定的意义。具体来讲，接受者在进行某项决策的时候，可以通过被处理成某种形式的数据进行最终的决策，在此过程中，这种形式的数据具有实际、可察觉到的价值。

知识，是指系统化、理论化、科学化和专门化的认知结论，它是在人类对物质世界以及精神世界探索之后得出的，是人类探索结果的综合。从本质上讲，信息与知识是不同的，其中信息具有容易被编码和传递的特点，知识通常情况下比较模糊，也不容易被编码化。实际上，知识是人认知能力的基础，贯穿于每一个过程，包括把数据序化、整合、加工成信息，选择吸收有用的信息，或者将信息翻译成有用的知识等，这些都是一个个复杂的认知过程。只有当一个人知道如何使用信息，知道信息的含义、局限性和如何用它来创造价值的时候，才有所谓的新知识。知识与信息之间的关系是互动的，知识的产生依赖于信息，相关信息的开发又需要知识的应用，应用信息的工具和方法也影响着知识的创造。相同的信息可以转化为不同种类的知识，这取决于分析的类型和目的。

以上四个基本转化过程可以视具体情况组合成简单或复杂的形式，用来详细描述知识（信息）的生产过程，即"数据—信息—知识—创新"过程（图1-2-1）。

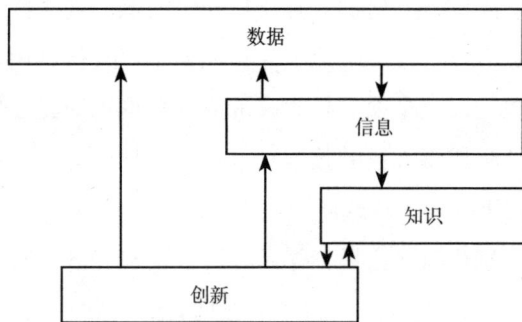

图 1-2-1　数据、信息、知识和创新的概念解析

（2）大数据与数据要素。人类进入 21 世纪之后，随着互联网的普及，信息技术的迅猛发展，可以说如今人类已经进入了信息大爆炸的时代。回顾近几十年来科技和互联网的发展，由互联网、物联网、移动终端所产生的数据，已经超过了人类之前所产生的数据之和。

大数据和数据要素之间存在着一些区别。具体来讲，可以从以下两个方面进行分析：第一，大数据实际上是在人们生产生活的过程中，产生的一些关于生产、消费或者生活的原始电子化记录，这些记录主要是通过移动互联网或物联网上的各个终端生产出来，具有鲜明的特点。例如，总量增长比较迅速、数据的种类繁多、数据的时效性很高等，除此之外，这些数据大部分是不能被直接利用的，因此价值密度比较低。第二，我们已经了解到，从移动互联网或物联网上的各个终端生产出来的数据不能进行直接利用，因此就要对这些数据进行一系列的加工和处理，在这个过程中，往往会利用数字技术，在较短的时间内对大量的电子化数据进行搜集、加工整理和归纳，最后经过提炼就会形成可以利用的信息或者知识，这些信息或者知识具有规范统一的形成格式，并且其价值密度较高，被人们称为"数据要素"。在实际中，数据要素可以被用来指导某一领域的实践或者用于商业化创新。因此，站在要素价值属性的立场上来看，我们不应该将"大数据"本身作为一种新的生产要素，因为这是不合理的，应该将"数据要素"作为新的生产要素。

数据要素与数据、信息、知识、大数据的概念比较如表 1-2-1 所示。

表 1-2-1　数据要素与数据、信息、知识、大数据的概念比较

数据的类型	数字经济时代之前				数字经济时代			
	名称	形态	价值	与创新的关系	名称	形态	价值	与创新的关系
原始的数据资料	数据	电子或纸质	价值含量低	一般不能直接刺激创新，但技术创新可以提高数据搜集效率	大数据	4V，电子化	价值密度很低	一般不能直接用于指导创新，但技术创新可以提高数据搜集效率
经过加工处理之后的信息	信息	编码化	能够消除或缓解不确定性，有一定价值	技术创新可以提高数据处理效率	数据要素（含信息和知识两类）	对大数据进行加工处理、归纳总结	价值含量较高	可用于指导实践或创新，同时技术创新可以提高大数据处理效率或带来新知识
经过归纳总结的经验	知识	显性或隐性知识	可以刺激创新，有很高价值	二者互动性强，技术创新也可以带来新知识				

2. 数据要素是一种高级生产要素

一种观点认为大数据时代数据规模呈指数式增长，其总量将趋近于无穷大，数据生产的边际成本为零或者趋近于零，也就是说数据是非稀缺资源。实际上，这种观点并不准确，因为混淆了大数据和数据要素这两个概念。数字经济中人们关注的并不是繁杂无章、没有利用价值的海量数据，而是从海量数据中提取的规

律性、启示性或预测性的信息或知识，这正是本书当中所指的"数据要素"的含义。

数据要素是一种高级的生产要素。随着多年信息化建设的深入推进以及移动互联网的迅猛发展，产生了源源不断的海量数据。特别是智能手机的出现，使每个消费者都成了重要的数据生产者，以智能手机为代表的智能终端所拥有的各种传感器便是新的数据源。智能手机等设备能够随时随地在需要的时候生成图像、视频、位置、健康等数据，这些数据在 PC 时代只有靠专用设备才能生成。这样海量杂乱无章的数据需要在很短的时间内搜集、整理、加工和利用，甚至创新，这需要耗费大量的高级人力要素和资本要素。不同类型的数据要素有所差异，专用性较强的数据要素边际生产成本相对较高；通用性较强的数据要素初始成本相对较高，边际成本则相对较低。同时，数据要素的供给并不是无限的，受高级人力要素的制约，大数据中蕴含的信息和知识的挖掘工作仍然是有限的，这也造成了目前诸多行业对大数据领域高级人才的需求非常旺盛，"知识付费"也逐渐成为网络主流。

值得注意的是，通过技术革命所带来的信息流动和处理方式的根本变化，在信息的传递与处理方面极大地降低了成本和提高了效率，使人类历史性地在极大程度上克服了信息传递与处理能力资源的稀缺性限制，同时也使得这种资源稀缺性更集中地体现在人类自身的有限理性层面。

（二）数据要素的使用价值

数字经济对经济的发展能够产巨大的推动作用，根据数字经济本身的特点以及经济发展的现状，数字经济对经济产生作用的途径主要可以分为以下四种：第一，作为一种高级的生产要素，数据要素具有鲜明的特征，即生产性和稀缺性。数据要素对经济的影响最先表现在节约成本方面，具体来讲，当数据要素进入生产函数之后，会改变资本和劳动的投入结构，使企业实现成本节约，提高产出效率。第二，在经济发展过程中，往往会产生信息不对称，信息不对称严重影响企业的经济效率以及竞争力等。数据要素可以降低搜寻成本，对企业信息不对称的情况进行缓解。第三，数字产品具有显著的规模经济特征，这是由数字产品的成本结构决定的。近年来，数字企业已经逐渐由初创期进入扩张期，在扩张期这个阶段，数字企业开始追求规模经济，这使企业的竞争格局和产业组织形态得到重塑。第四，数字技术相比传统时代的经济，最大的特点就是技术创新的周期较快。在这样的情况下，数据要素可以提高企业的全要素生产率，另外还可以通过刺激消费者多样化和个性化的需求，进而提高消费水平。

1. 数据要素能够缓解不完全信息问题

经济行为主体对经济系统内各类信息的搜集、整合分类、加工和处理的能力等会受到工业时代网络空间发展程度的影响。在工业时代网络空间的发展相对滞后，因此使经济行为主体对经济系统内各类信息的搜集、整合分类、加工和处理的能力相对有限。进入数字经济时代后，对于经济行为主体而言，最鲜明的特征就是获取信息的能力得到了极大的提升，这得益于数字经济时代大数据、云计算和人工智能技术的不断发展。进入数字经济时代，由于人们在线上进行信息搜寻更加容易便捷，并且更加容易获得比较潜在的交易信息，因此线上的搜寻成本远远低于线下的搜寻成本。数字技术的应用降低了搜寻的成本，进而使价格离散度、产品种类、市场匹配、平台商业和组织结构受到影响。

物理空间和社会空间内的各种关系是通过网络空间进行映射的，在映射的过程中产生了数据。在工业时代信息技术水平相对较低，因此这个时期网络空间和物理空间的映射关系相对松散。在进入数字经济阶段后，诞生一些新的技术手段，如机器学习和数据挖掘等。随着数字经济时代各种新技术的不断发展和完善，经济行为主体对数据的获取能力得到了极大的提升，不仅使经济行为主体能够对正在发生事件的数据进行获取，更重要的是也能够帮助经济行为主体对未来即将发生事件的数据进行预测，这对于经济行为主体的发展可以产生巨大的积极作用。与此同时，经济行为主体在获取数据的维度上也得到了丰富，除了一些数字化的数据之外，经济行为主体还能通过各种数字技术获得大量非数字化数据，如图片、图书、图纸视频、声音指纹、影像等。总而言之，经济系统内信息不完全的情况会随着网络空间的发展以及相应技术手段的进步得到缓解，甚至消除，从而使经济行为主体获得更加精确化的有关生产和服务的供求信息，这些精确化的信息也奠定了网络化和生态化的创新组织方式变革的基础。

在新古典经济学的分析中，一般假定决策者拥有完全信息，并由此做出生产或消费决策。现实生活并非如此，决策者在进行任何决策的时候都面临着不完全信息的困境，以及由此产生决策结果的不确定性。在数字经济出现之前，商业和金融决策者通常使用"满意和经验法则"进行决策，随着数字技术的创新和应用，信息的匹配更为有效，虽然不可能完全消除不完全信息问题，但能够在一定程度上缓解这种困境。数据要素缓解信息不完全问题表现为以下两个方面：

（1）更有效地匹配消费者与供应商。在推销阶段，企业可以利用消费者数据库，对目标群体进行精确定位，从而选择适宜的广告模式。在目前看来，随着大数据和云计算的发展，已经有一些相当有实力的公司开始利用推荐系统、预测产品需求和价值等云计算技术。此外，企业还可以通过访问消费者日常操作所形成的数据库，并且对数据库的有效性进行检查，虽然目前大数据和云计算只在部分企业中发挥着作用，没有真正实现广泛推广，但是仍然为企业直接营销到下一个层次提供了机会。大数据和云计算的利用，能够帮助企业将潜在消费者的范围大大缩小，从而使企业更加有利可图。

在生产阶段，企业可以通过数据要素实现定制化服务，即企业根据消费者的偏好进行个性化生产。举个例子来说，在通信行业中，运营商根据消费者通信业务的流量以及通话套餐使用情况，让消费者根据自己的喜好和实际需求选择定制业务，不再是以前强制消费者开通或者购买所有的业务。这种新型的定价方式不仅透明，消费者也可以根据自己的需求对即将购买的产品进行自由搭配，这在很大程度上提高了消费者的满意度，进而使运营商的竞争力也得到了提升。

在售后阶段，数字化资源库为供应商和消费者提供了有效的反馈渠道。消费者可以很容易地通过点击鼠标或点击触摸屏访问海量信息和选择供应商，从而不再被迫支付他们不希望或者不需要的产品或服务，同时可以随时随地与其他消费者进行体验分享，供应商则可以通过跟踪消费者的体验通过返现、退换货等手段减少客户对产品的抵制情绪。

（2）更有效地匹配工作岗位。目前，对优秀人才的需求竞争非常激烈，人才对于企业的价值体现在劳务输出创新能力以及人才吸引等方面。在发达国家，人才创造了绝大部分的价值。随着我国经济转型和产业升级，虽然可以预料到人才的需求竞争将会愈加激烈，但随着互联网化程度的加深，信息资源可获取性加强，企业员工流动性明显加快，员工的平均任期不断下降。

进入互联网时代之后，人才和雇主之间的雇用关系也发生了微妙的变化，即由原来的商业交易变为互惠互利的关系。人才对企业的诉求，不再单一停留在薪资水平方面，更加重视自身的发展。因此，企业需要通过科学的人力资源分析，找到猎取培养和留住人才的解决方案。事实上，已经出现了一些专业的公司以及专业的软件，利用数据处理技术，帮助企业进行人员招聘管理、培训管理、绩效管理和薪酬管理。就目前而言，利用大数据进行人力资源管理还处在行业探索期。

2. 数据要素的低复制成本决定了规模经济属性

数据要素以比特形式存在，存储在互联网端设备上，同时也通过互联网进行传播。正是由于数据要素的这一特征，使一件数字产品可以被无限复制进行传播，并且复制和传播的成本极低，甚至是零成本。从这一点看，数字产品在消费中具有非竞争性，不同的消费者可以在任意地方、任何时候，不受任何影响地对同一个数字产品进行复制、使用。举个例子来说，一款游戏软件，有可能同时在线的人数会达到百万，这种情况下这款游戏的所有玩家都是这款数字产品的使用者，并且大家在使用这款数字产品的过程中不会受到影响。当然，值得注意的是消费者能够突破时空，对同一数字产品进行使用的前提是这款数字产品在互联网上生产、消费。

一般认为，数字产品边际成本为零，但边际成本为零的简易微观经济模型与边际成本为正的模型并无太大的不同。数字产品与非数字产品最关键的区别是非竞争性，这意味着个体消费数字产品并不会减少其他人消费该产品的数量或质量，因为信息的分享不会减少或损害初始信息，特别是在没有法律或技术限制排他性的情况下，任何人都能以零成本复制任何信息。

数字产品相较于其他传统产品，具有研究成本高、生产成本低的特征，换句话说，就是高沉淀成本、低边际成本。经济学原理认为，高科技产品具有高投资、高风险的特点。数字产品大多是知识密集型产品，因此符合高科技产品开发的这两个特点。一方面，高投资主要表现在对数字产品的研发成本很高，如耗资上亿美元的好莱坞影片，在网上进行传播、下载的前提是进行了前期的研发，使其转换为数字产品。当人们花费几分钟时间将这部影片拷贝到优盘，就体现了数字产品低变动成本的特点。另一方面，数字产品的高风险主要体现在其研发过程一旦中断，那么前期的投入也将无法收回。

目前，中国国民经济分类中还没有单独划分出数字内容产业，其相关内容分散在"电信和其他信息传输服务业，新闻出版业，广播、电视、电影和音像业，文化艺术业"等相关行业中。数字内容产品可以很容易地进行复制和传播，这就导致更多的用户可以通过比较低廉的成本获取产品，规模经济非常明显。

数字产品的成本特征决定其必然存在规模报酬递增效应（图 1-2-2）。当产量 $Q>1$ 时，其边际成本 MC 极低，因而可以忽略可变成本，仅考虑固定成本。假设生产的固定成本为 FC，则平均成本 AC 函数为 $AC=FC/Q$。可以看出，数字产品的产量越高，平均成本越低，不存在最优的生产规模。因而，数字产品的生产存在规模报酬递增现象。

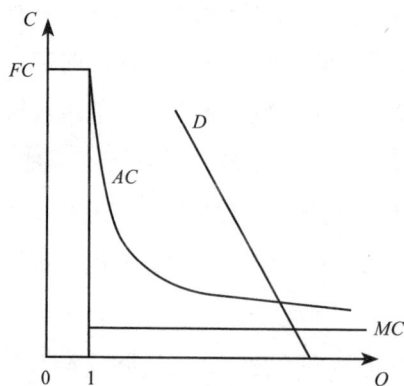

图 1-2-2 数字产品的规模报酬递增效应

3. 数据要素的知识密集型特征有利于刺激创新

我们可以将数据要素看作一种知识密集型产品，它可以通过不断创新的形式增加产出。提到创新，我们便会想到新的活动，因此对于信息的应用具有很强的不确定性。创新最早是发生在个人的大脑中，创新的出现依赖于个人对信息的综合和解释，在经过一系列处理后，使大脑中有关创新的信息符合现有的认知世界。这是因为，在人们解决问题时，首先要利用认知模式来评价所获得的信息的价值，然后再利用有用的方式对信息进行组织。

随着数据要素的产生，不仅使得消费者的消费需求得到极大满足，也在一定程度上催生了更多的产品和服务。生产端的数据随着数据要素的不断发展，其作用也发生了一些变化，即从开始的主要用于记录和查看，逐渐发展为流程优化、工艺优化的重要依据。除此之外，在产品设计、服务交付等各个方面也发挥着愈发重要的作用。

对于智能产品和服务来说，从供应链到智能制造，再到最终交付用户，所有环节都可以基于数据分析的结果实现价值链整合和系统优化的目的。

随着数据的发展，社会生产要素不断实现网络化共享、集约化整合、协作化开发以及高效利用等。这一变化改变了传统的生产方式和经济运行机制。另外，大数据的发展也激发了商业模式创新，催生了新业态。因此，大数据已然成为互联网等新兴领域促进业务创新增值，提升企业核心价值的重要驱动力。

二、数字经济的需求侧特征

网络化是数字经济发展的一个重要的特征，换句话说，就是数字经济是以网络的形式组织起来的。经济学认为，不管是有形的网络还是虚拟的网络，只要是网络，就会受到所谓的"网络外部性"现象的支配，也就是人们常说的"网络效应"。具体来讲，一个网络上已经连接的用户的数量，决定个体将要连接到这个网络上的价值。

早在 20 世纪 70 年代，就有人对网络外部性进行了讨论，也取得了一定的成果。随着 21 世纪的到来，互联网相关技术突飞猛进，尤其是 5G 时代的到来，经济网络的信息流通达到了前所未有的速度，无论是生产、交换还是分配、消费，都与智能化的数字网络息息相关，在这样的背景下，网络的外部性表现得愈发强烈。

（一）经济学关于外部性的解释

从经济学的角度来看，当个体进行生产或消费时对其他人产生附带的成本或者效益的时候，经济的外部性就产生了。也就是说，成本或者效益变动产生的影响在其他人的身上体现，对其他人施加这种影响力的人不会为此付出代价。从本质上讲，外部经济效果就是一个理性人的行为对其他人所产生的效果，并且这种效果不会体现在货币或者市场交易中。

对于外部性的分析，我们可以立足外部性的生产领域，将外部性分为生产的外部性和消费的外部性，其中生产的外部性主要是指由生产活动所导致的，消费的外部性则是主要由消费行为所带来。另外，根据外部性的效果，还可以将外部性分为正外部性和负外部性。

主流经济学认为，外部性是"市场失灵"的主要表现之一。一个有效的市场制度要发挥经济效率，一切影响都必须通过市场价格的变动来传递，一些人的行为影响他人的福利，只要这种影响是通过价格传递的，即这种影响反映在市场价格里，就不会对经济效率产生不良的作用。如果一个人的行为，使他人的福利受到影响，从而使相应的成本收益没有反映到市场价格中，就出现了外部性。外部性可以是正的，也可以是负的。例如，我的邻居盖了新房子，面对我家的一面墙如果粉刷得很漂亮，我也可以因此而赏心悦目，即我从邻居的房屋粉刷中得到了好处，却并不需要为此付费，这就是正的外部性；如果邻居不能对我得到的这种好处收费，他就不会有动力把靠近我家的那面墙粉刷得漂亮，因为我可以搭便车，这里的搭便车问题和正的外部性是同一硬币的两面。相反，如果一个人的行为伤害了另一个人，他也并不因此付出代价，就产生了负的外部性。例如，甲经营的工厂向一条河流排放废物，乙以在这条河中捕鱼为生，甲的活动直接影响了乙的生计，却并没有通过价格的变动得以反映，即甲的行为产生了负的外部性。外部性最重要的应用之一就是关于环境治理的讨论，其中最为经典的就是污染问题，即负的外部性。

综上所述，所有的行为如果都能反映在价格中，那么意味着私人的成本收益与社会的成本收益达成了一致，在这样的情况下，市场制度就会对资源配置自动地进行调配，从而使资源配置达到帕累托最优。外部性的存在实际上说明了一个关于成本的问题，即生产者面临的边际成本并不会反映增加生产的所有社会成本，或者说个人的消费边际收益并不等于社会收益。如果说获得的收益不完全归于直接生产者，或者私人生产成本没有反映总的社会成本，那么竞争性市场的选择可能不是社会的效率选择。

那么，外部性是如何对资源配置产生错误的影响呢？外部性出现在一个行动如果给其他人带来附带的收益或损害，并没有人因此对产生外部性的人进行相应的支付或赔偿，由此产生价格系统对资源的错误配置。外部性产生效率问题是因为外部成本或收益通常不将引起外部效应的消费者或生产者考虑进去。如果某种活动产生了负的外部性，那么生产者和消费者就会低估该活动的社会成本，并且按照社会观点来看过多地选择那种活动；如果消费和生产给那些没有考虑进去的人产生收益，消费者或者生产者因此低估了社会收益，那么那种经济活动的选择就会太少。

外部收益的情形如图1-2-3所示。假定科学家在进行一项研究时，图中的

MPB 和 *MC* 曲线分别反映了边际私人收益和边际成本。该科学家选择的研究产量为 Q_1，该产量是使边际成本和边际私人收益相等的产量水平，即 *MC=MPB*。此时均衡的价格为 P_1，假定该科学家的研究结果使工业企业生产的产品更为便宜，这些企业又不必为使用这一科学研究支付费用，因为该科研成果是"一般知识"的一部分（如果该科学家有一项发明，那就可以通过专利法部分的保护发明不被无偿使用。在许多情况下，"纯粹"的研究即使具有商业用途，也很难得到专利的保护）。这样，科学家的生产不仅对自己产生收益，也对社会其他产生更多收益，而且社会边际收益 *MSB* 为私人边际收益 *MPB* 与边际外部收益 *MEB* 之和。此时，经济效率要求边际成本与边际社会收益相等（*MC=MSB*），即要求科研量为 Q^*。由于直接收益低估了整个收益，因此从社会观点看，科研量低于有效水平（$Q_1<Q^*$），此时科研量是不足的。分析的结果是当个人或厂商的活动有正外部性时，市场对该项活动或物品往往提供过少，因此有必要通过适当的补贴来解决。政府对于基础科学研究及教育（包括基础教育与高等教育）的补贴均源于此。

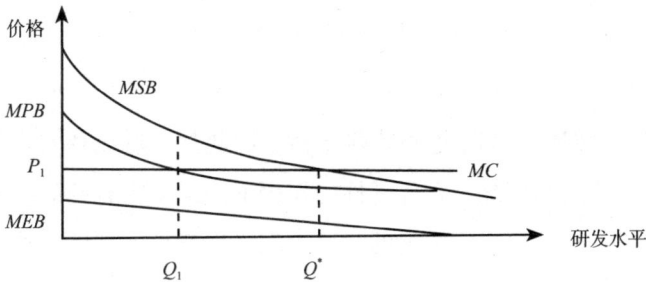

图 1-2-3 正外部性的外部收益

如图 1-2-4 所示，分析了关于甲对乙造成外部成本的情形。横轴表示产量，由甲的工厂生产，纵轴表示成本和收益，单位是元。*MB* 曲线表示甲生产每单位产品的边际收益，在这里假定它是既定值。另一条与单位产量有关的曲线是边际私人成本曲线 *MPC*。边际私人成本是指甲购买生产要素的支出，在这里假定它随产量的增加而增加。工厂的副产品是污染，污染降低了养鱼者乙的福利水平。假定污染随工厂产量的增加而增加，在产量的各个规模上给乙造成的边际损害由 *MEC* 表示，*MEC* 向上倾斜是因为我们假定污染对乙的损害是递增的。甲感兴趣的是最大限度地增加利润，那么他会按照边际原则来确定产量，即利润最大化的产量水平 *MPC* 与 *MB* 的交点（*MPC=MB*），在这一点上，产量为 Q_1。从整个社会的角度看，边际社会成本包括两部分，一部分是甲购置的投入品，其价值反映在 MPC 上。另一部分是乙遭受的边际外部成本 MEC。因此，边际成本 MSC 曲线为在各个产量水平上 MPC 与 MEC 的纵高之和。从社会的角度看，经济效率要求社会边际收益等于社会边际成本，即 $MSC=MB$，所以有效率的产量水平应定在 Q^* 上。这一社会效率产量水平显然要小于私人利润最大化产量水平。由此，负外部性的存在，使厂商相对于有效率的产量水平来说，提供的产量 Q_1 显然太多，造成资源配置的扭曲。负外部性的存在要求政府进行一定的干预以实现经济效率，如征收庇古税或实行政府管制。

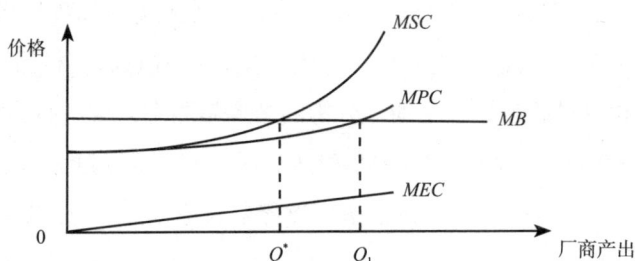

图 1-2-4　负外部性的外部成本

通过以上两个例子，我们可以将外部性归纳为以下两个方面：其一，无论是正外部性还是负外部性，都不通过市场价格，因此都会造成私人收益或成本与社会收益或成本不一致的情况，在外部性的作用下，市场应有的效率遭到破坏，进而扭曲资源配置。其二，市场失灵的主要表现之一就是外部性，外部性实际上无法完全通过市场手段来使之内部化，因此必须借助政府法律、道德等市场之外的力量，对外部性问题进行解决。

（二）网络外部性

1. 网络外部性的定义和分类

（1）网络外部性的定义。随着科技的进步，互联网技术的突飞猛进，人们早已进入了信息化时代，在这样的背景下，数字产品中的网络外部性更多地表现为消费的正外部性。消费者往往在选购或者消费某种数字产品的时候，除了要考虑这个产品本身的功能是否强大、操作是否便捷、价格是否低廉等效应之外，一般还会考虑这个数字产品在未来能够实现共享信息的用户数量以及该数字产品的适用范围。对于数字产品的购买，用户的购买行为普遍存在"从众效应"或"追赶潮流"，消费者在选择购买数字产品的时候，往往会选择那种已经被广泛采用的标准化或普及化的产品。举个例子来说，某款地图软件的使用者越多，每个使用者的轨迹和坐标数据就会越多，基于这些数据开发出的相关数字产品就会更加有价值，不仅如此，这些数字产品的功能也会随着用户越来越多进行不断开发，变得越来越强大，最终就会吸引更多的消费者来使用该数字产品。这就是网络外部性，也是经济发展过程中所表现出来的重要微观经济特性之一。

（2）网络外部性的分类。根据网络外部性对经济发展所起的作用，可以将网络的外部性分为两种，即直接网络外部性和间接网络外部性。其中，直接网络外部性指的是随着消费同一种产品的市场主体数量不断增加，在正反馈效应的影响下，数字产品的使用价值被放大。换句话说，消费者对数字产品的需求存在相互依赖的特征，当一个消费者购买数字产品的时候，与其购买相同产品的其他消费者数量不断增加，则会使得该消费者获得产品的效用增加。

间接网络互补性产生的主要原因是产品自身的互补性，基础产品的消费者越多，则对互补性的辅助产品需求就越大。例如，即时通信工具微信的消费者之所以选择微信而不是其他的通信工具，除了微信本身的功能强大之外，一个主要的原因是自己的亲朋好友也都选择了微信作为通信工具，这样大家交流起来就很便利，这就是梅特卡夫法则所导致的直接网络外部性；微信的使用者中有相当的一部分人会使用微信支付、微信理财或微信借贷等其他辅助产品，微信的使用者越多，其辅助产品的使用者相对也会越多，这就是所谓的间接网络外部性。

2. 梅特卡夫法则

梅特卡夫法则就是人们常说的"梅特卡夫定律（Metcalfe's Law）"，梅特卡夫法则实际上是指一种网络技术的发展规律，即当网络里节点越多，网络的价值就会越高，换句话说网络的价值会随着网络里节点数目的乘方增加。因此，"物以多为贵"是梅特卡夫法则的核心思想。解释网络参与者之间相互依赖关系所产生的效用，可以用如下函数进行表示：

$$V=Kn（n\text{-}1）$$

在上面的公式中，K 表示价值系数，n 表示用户数量。当基础设施成本一定的情况下，使用的用户越多，则带来的价值越大。一个网络的经济价值并不是按照算数级上升的，是按照指数级上升的。

梅特卡夫法则的使用范围很广，除了在电话、传真等传统的通信网络中适用之外，还可以应用在具有双向传输特点的虚拟网络世界，如 Internet。具体来说，当网络的用户数量越来越多的时候，用户之间就可以进行更大范围的信息资源共享，并进行信息交流。这样就会使信息本身的价值得到大大提升，在很大程度上也提高了所有网络用户的效用。

在网络经济条件下，由于受到信息技术和信息系统的不完全兼容性，而造成一些成本转移，如因信息技术和信息系统的不完全兼容性带来的操作、使用知识的重新培训等都会产生一定的成本。事实上，网络用户往往被锁定在一个既定的用户网格内，由此便使得该网格保证了一定的规模。网络信息产品的相互兼容性使网络中的用户之间能够进行文件交换和共享，随着网络用户的增多，用户之间的文件交换和共享变得越来越便捷，越来越频繁。在这样的情况下，网络的总效用就会随着用户数量的平方呈指数增长趋势，这也是梅特卡夫法则的体现。

总之，梅特卡夫法则就是对连接到一个网络的价值取决于这个网络上已经连接用户的数量这一基本定理进行概括。站在经济学的角度来看，梅特卡夫法则概括的这一基本定理同时也是经济学上讲的"网络效应"或"网络外部性"。梅特卡夫法则实际上是对"需求方网络外部性"进行简单的表述。

综上所述，我们可以得出梅特卡夫法则是一条关于网上资源的定律。当使用网络的人越来越多的时候，数字产品的价值也会不断增加，就会吸引更多的用户，最终使得数字产品的总价值得到提高。那么如何才能快速使一款新的数字产品达到一定的用户规模呢？这取决于用户进入网络的代价。具体来讲，就是进入网络的代价越低就会吸引越多的用户，获得用户规模的速度也就越快。一个有趣的现象是，当一款新产品一旦形成用户规模，其开发者就会提高该新产品对用户的价格，也就是用户规模的增加使得该产品的应用价值提升了。这就衍生了一条新的定律，即某项商业产品的价值随使用人数增加。

从总体上看，消费方面存在着效用递增，即需求创造了新的需求。数字经济时代，网络消费者在消费数据要素的同时，可以催生出更多的知识和感受，同时其行为活动也被记录下来成为大数据的一部分。

3. 具有网络外部性商品的需求曲线

当存在网络外部性时，每个消费者从商品或服务中获得的效用会随着用户规模的扩大而增加。从这个意义上来说，当产品或服务的价格给定时，用户规模会对消费者的需求产生重大影响。或者更准确地说，用户规模的消费者预期会直接影响最终需求。

举例来说，假设市场中有 100 个消费者，并且消费者对于产品的意愿支付等于 n（$0 \leq n \leq 100$），显然当用户数量不断上升时，每一个用户对于商品的评价机会越高，因此也会为同样的商品支付更高的价格。同时，我们假设消费者预期最终的用户规模为 n_e（$0 \leq n_e \leq 100$），那么如果消费者对于该商品最终市场规模持有非常悲观的预期，即 n_e=0，消费者就会认为这一商品的价值为 0，进而可以得出这样的结果：在任何不等于 0 的价格之下，没有任何消费者愿意购买该商品，因此最终的用户规模为 0。如果消费者持有很乐观的预期，认为所有人都会购买这一商品，即 n_e=100，那么商品对于消费者的价值就等于 100。由此可见，当价格在 0 和 100 之间时，消费者不同的预期会导致两种极端的结果存在，分别是所有消费者都购买和所有消费者都不买。换句话说，网络外部性的存在会让消费者预期对最终需求产生重大影响，即在任意给定的价格下会存在多个需求水平。

三、数字经济下供给与需求的互动机制

（一）数字经济时代生产与消费的同一性

消费和生产之间的同一性主要包括以下三个要点：第一，生产的最终目的是消费；第二，社会生产的终点和社会再生产的起点是消费；第三，在经济学中，必须要讨论的是处于社会生产和再生产环节中的消费。

数字经济是经济发展到一定阶段后形成的一种新经济形态。因此，经济学中关于"生产与消费同一性"的观点在数字经济中仍适用，并且具备极强的生命力，主要表现在以下方面。

（1）数字消费是数字生产中创新的动力来源。根据"消费与生产的同一性"的观点，我们可以看出消费为生产创造了内在的对象以及目的的需要。在经济现实中，消费对产业或者产品具有重要的作用，一方面消费的萎缩会导致产业或产品的萎缩，另一方面，消费的发展能够推动产业结构或者产品结构形成、发展和兴盛。任何国家或地区的产业结构和产品结构都会随着消费的变化而变化。因此

可以说，消费对产业的创新具有引领作用。个人消费者希望能够更加快速精准地找到自己需要的商品，大数据精准营销便产生了；企业需要能够更加快速地筛选出能干、忠诚、合适的员工，大数据人力资源管理便应运而生；老百姓出行希望能够提早了解前方的各种路况并提前做好路线计划，智慧交通系统出现了并不断完善；当数据量越来越大并且超过了一般企业储存和处理能力的时候，云计算便诞生了。不仅如此，在数字经济时代，虽然新产品的创新周期和生命周期都大大加快，各种类型的创新层出不穷，但无论哪一种，都是为了更加有效地解决某种消费需求的问题。

（2）数字消费和数字生产相互渗透。数字经济时代，数字消费和数字生产呈现"你中有我，我中有你"的关系。具体来讲，可以从以下两个方面进行论述：

①数字生产要立足市场上数字消费需求进行。如今随着经济网络的发展，人们已经处于大数据时代，在这样的背景下，数字生产大体上可以分为两个阶段：第一阶段就是大数据的生产阶段，这个阶段也是大数据形成阶段，大量社会主体的行为信息被记录下来形成大数据，值得注意的是，这个阶段形成的大数据本身是没有价值的。第二阶段就是数据要素生产、应用阶段。在这个阶段，数据要素的生产主体会根据社会需求对大数据进行一系列处理，如大数据筛选、处理和加工等，经过这一过程，从而形成数据要素。这些数据要素还要经过应用或者创新，最终成为数字产品。这些数字产品与普通产品一样，也是以消费为目的，因此也只有经过消费，才能实现其价值。

②消费者在消费的过程中也在生产着大量的数据。目前的信息技术条件下，无数的终端正在时时刻刻生成着大量的数据，包括移动互联网终端、物联网终端以及传统的 PC 端等，这些终端背后对应着某一个自然人或者机构物体，它们的行为随时随地被记录并形成数据。这对应着数字经济生产的第一个阶段，也为数字经济生产的第二个阶段以及最终数字产品的形成提供了最基本的数据来源。

（3）消费和生产的良性互动推动数字经济快速扩张。马克思的研究表明，生产与消费之间存在着矛盾。市场经济条件下，生产与消费矛盾的主要方面在于生产。在传统经济时期，企业不断扩大规模，生产更多标准化产品的做法无法满足消费者日益增长的对个性化、差异化产品的需求。进入数字经济时代，借助于高速运转的网络和数据处理系统，定制化生产逐渐成为主流，这一方面满足了消费者对个性化、差异化产品的需求，另一方面也能够使企业实现规模化运营，获得更高的利润。不仅如此，随着用户规模的增长，企业生产的数字产品价值将以指数式增长，产品数量和种类的增多又会反过来刺激消费需求，这种螺旋式的上升必将推动数字经济呈现出快速扩张的态势。

（二）网络正反馈与马太效应

所谓马太效应，就是指当任何个体、群体或者地区在金钱、名誉、地位等方面获得成功后，就会产生一种积累优势，即拥有更多的机会在这些方面取得更大的成功。在网络经济中，资源共享的程度越高，就会拥有越大的用户群体，在庞大用户群体的传播、共享、应用过程中，就会最大限度实现资源的价值。网络的正外部性会产生正反馈，在正反馈作用下，强者会变得更强、弱者会变得更弱，甚至在最极端的情形下，会发生"赢家通吃"，在市场经济中表现为垄断现象，这种情况被称为"马太效应"。

马太效应往往在信息化活动中表现出强烈的优劣反差，也就是正反馈效应。实际上，正反馈效应的发生是由于在信息活动中人们的心理反应和行为惯性引起的。有趣的是，一旦优势和劣势形成，各自便会不断加剧并且自行强化，从而出现积累效果。因此，在一定时期内，有时会出现强者恒强、弱者恒弱的局面，甚至出现强者统赢的现象。马太效应其实是梅特卡夫法则发展到极端情况产生的。在数字经济中，数字产品的生产市场会因为马太效应出现寡头垄断或者完全垄断的局面。

另外，网络经济中出现正反馈的主要原因是网络外部性，值得注意的是网络外部性同正反馈是两个不同的概念，不能将两者等同看待。网络外部性之所以能够引起网络经济的正反馈，需要具备一定的条件，主要包括以下方面：

（1）从网络外部性到正反馈，需要一定的成本优势，这是因为边际收益递增是实现正反馈的前提。要想实现边际收益的递增，就需要网络外部性带来的需求方规模经济，值得注意的是需求方规模经济带来的收益递增很可能被成本因素所抵消，从而导致规模经济不复存在，也就无法实现正反馈过程。因此，必须降低边际成本，才能真正实现边际收益递增。值得一提的是数字产品具有高固定成本和低边际成本的特点，因此其网络外部性到正反馈的过程速度较快。

（2）要想实现网络外部性到正反馈的过程，首先必须保证网络外部性达到一定的规模。换句话说，就是人们常说的临界容量。根据网络的外部性特点，我们可以得出小网络的价值远小于大网络的价值。因此，只有当网络达到一定规模的时候，才能使得正反馈发挥作用，从而实现强者恒强、弱者恒弱的情况。其次，除了网络规模之外，还有一个非常重要的因素影响着网络外部性到正反馈的过程，那就是市场对产品需求的多样性。具体来讲，当一个市场中即便网络外部性很强并且需求方规模经济程度很高，但是如果市场消费者的产品需求是多样化的，就说明这一种产品很难达到正反馈的网络规模；反之，当市场上消费者对产品的需求多样化程度比较低的时候，那么网络外部性引发正反馈的可能性就大些。

（三）路径依赖与转移成本

1. 路径依赖

在经济学科中是没有"路径依赖"这个概念的，它是从其他学科中"溢出"进入经济学科中的。在一个以资源抉择和个人利益最大化行为为特征的世界中，经济发展过程中往往会出现一个现象——即使一个次要、暂时的优势或是一个看似不相干的事件都可能对最终的市场资源配置产生不可逆转的影响。这种情况下，经济学家们常用路径依赖来表示。路径依赖主要包括两个重要特征：历史的重要性和不可逆转的选择。

（1）历史的重要性。路径依赖强调人们目前的经济环境很有可能因为历史上的一些突发事件或偶发事件形成的。换句话说，经济环境对历史上这些事件的依赖性是以一种非常任意的形式进行的。因此，当历史上发生的一些令人意外事件，往往以一种令人意想不到的方式对历史的发展起着影响、控制作用。在这样的情况下，就产生的了路径依赖。

（2）不可逆转的选择。路径依赖还具备一定的稳固性，也就是说路径的选择不容易被改变，如果很容易被改变也就不会被称为路径依赖了。因此，在经济学中关于路径依赖的表述，学者们或多或少都会将其与选择的不可逆转性相联系。这里所说的不可逆转就是我们所讨论的"锁定"，因此"被历史事件锁定"是路径依赖概念的一个关键判定，尤其当这些历史事件并不重要时，路径依赖的特点就更为显著。

2. 转移成本

锁定是指由于各种原因，导致从一个系统（可能是一种技术、产品或是标准）转换到另一个系统的转移成本高到转移不经济，从而使经济系统达到某个状态之后就很难退出，系统逐渐适应和强化这种状态，从而形成一种"选择优势"把系统锁定在这个均衡状态。要使系统从这个状态退出，转移到新的均衡状态，就要看系统的转移成本是否能够小于转移收益。

转移成本显然是和锁定相联系的一个概念。转移成本实际上是对路径依赖程度和锁定程度的衡量。当产品和技术标准化还不健全的时候（或者说系统之间不兼容），消费者和厂商如果自愿从一个网络转移到另一个网络，他们将不得不面临诸多障碍，正是转移成本造成了这种障碍，它阻止了市场主体进入另一个网络。转移成本具体来说可分为两类，即私人转移成本和社会转移成本。私人转移成本包括在最初采用技术中所含的沉没投资、转向用新网络所需要的支出。社会转移成本则需要把市场主体当前正在享有的网络效应与预期从转移中可以获得的潜在网络效应进行对比。转移成本把不对称的价格强加于具有沉没投资的用户和在现有技术中没有沉没投资的用户之间。当转移成本高于收益时，转移是不经济的，这时就将出现对现有系统的锁定和路径依赖。

用户往往会因为网络外部性以及转移成本的存在，被锁定在某种产品的路径依赖中，也正是产品的路径依赖，使得产品有可能处于某种垄断地位。值得注意的是，通过路径依赖我们可以发现某种产品之所以能够处于某种垄断地位，也许实际上并不是因为该产品质量好才得以从同类产品中脱颖而出，而是仅仅比较幸运而已，在某种偶然情况下进入了正反馈循环，因此获得了垄断地位。这种局面一般会一直维持，只有当遇到具有高期望值的新技术威胁时，垄断局面才会被打破，进而进入新一轮的竞争中。所以说，网络经济的这种"市场失灵"效应是由该网络产品本身的技术特性所决定的。

第三节 发展数字经济的意义及优势

一、发展数字经济的意义

数字经济的迅猛发展深刻地改变了人们生活、工作和学习的方式，并在传统媒体、商务、公共关系、娱乐等众多领域引发深刻变革。在如今这个信息时代，发展数字经济已成为我国的最强音，这是因为数字经济的发展具有重大意义。

（一）全球经历数字经济变革

1.数字经济加速经济全球化步伐

以计算机、网络和通信等为代表的现代化信息革命催生了数字经济。可以说，数字经济的出现是人类社会进行全球变革的划时代壮举。举个例子来说，一方面，在数字经济时代，随着数字网络的发展，世界市场和国际分工的格局被改变，全球化不再限于商品和生产要素的跨国流动；另一方面，数字经济的出现使世界贸易的空间得到了拓展，不仅如此，还使得贸易的距离和时间被大大缩短，使全球贸易的规模达到了一个空前盛大的规模，这是任何一个时期都不曾达到的高度。在这样的背景下，跨国公司凭借数字网络技术实现了成本的大幅下降。因此，数字经济的出现加速了信息、商品与要素的全球流动，并且推动经济全球化进入一个新的发展阶段。

2.数字经济软化全球产业结构

在数字经济时代，数字网络技术不断得到创新，并且被广泛应用。这使全球化产业结构更加知识化和高科技化。以往的资本和劳动力虽然作为产业结构竞争力的决定因素，但是随着数字经济的到来，资本和劳动力的地位已经逐渐被知识和技术等"软要素"所取代，全球范围内的产业结构愈加"软化"。具体来讲，主要体现在以下三个方面：第一，在数字经济发展的今天，新一代的信息技术蓬勃发展，逐渐出现了知识驱动的经济发展模式。世界各国都已经认识到信息技术产业的重要性，开始大力发展信息技术产业，跨国 ICT 企业不仅加速了市场扩张，也加速了产品的创新步伐，从而实现了知识驱动的经济发展模式。第二，传统产业与信息产业之间的联系逐渐被加强。随着互联网的发展和计算机技术的突飞猛进，计算机和数字技术大大提高了生产的效率。在这样的背景下，传统产业不断积极地加强与信息产业的联系，以期提高自身的产业竞争力以及创造出更高的产业附加值。第三，新兴服务业方兴未艾。随着互联网技术的发展，信息技术的普及和不断创新，与网络相关的计算机和软件服务、互联网信息等新兴服务业迅速崛起，全球服务业朝着知识化、信息化、智能化方向发展。

3.新的数字技术助推数字经济以及社会发展

在如今数字经济中，移动技术、云计算、物联网和大数据分析已经发展成为重要的技术趋势。在人们日常的生活和工作中，随处可见"智能化"，如家庭、医疗、交通和能源之间都可以通过网络和数字化进行连接。除此之外，政府的管理和社会治理等也都可以通过网络和数字化连接。在数字化、智能化高速发展的当下，一些新的应用迅速出现在人们的视野中，这些应用依托各种网络，如固定宽带网、无线宽带网络，以及在互联网上连接的设备，新应用的不断出现大大满足了不断增长的经济和社会需求。

4. 移动宽带应用加速数字产品普及

互联网普及率的提高，极大地受益于移动基础设施的发展和资费的下降。在许多新兴和欠发达国家，移动宽带连接的广泛提供，使得这些经济体的互联网接入量大幅增加，宽带速度不断提升。移动宽带质量的提升和 WiFi 的大规模普及，使移动设备扩大了应用规模，影响了数以亿计用户的工作和生活。

（二）数字经济成为新常态下我国经济发展的新动能

数字经济代表着新生产力的发展方向，对我国而言更是具有特殊意义。互联网、云计算、大数据等数字经济技术本身，就是新常态下供给侧结构性改革要培育和发展的主攻方向。数字化将发掘新的生产要素和经济增长点，加速传统行业转型。

1. 新常态需要新动能

自从我国实施改革开放之后，经济开启了高倍速增长状态，这种状态一直持续了近四十年，直到近些年，我国经济开始进入一个增速放缓的阶段，在这个阶段中，虽然经济增长不再是高倍速，但是经济产业机构不断升级，可以说是进入了一个动力转换的新阶段，这个阶段也就是人们常说的经济发展新常态。在这样的经济发展背景下，我国经济发展的大逻辑已经转变为认识并且引领新常态。我们要清楚地认识到，虽然新常态是我国经济发展到一定程度展现的一种新经济增长方式，是适应我国经济发展现状的，势必会极大地推动我国经济的进一步发展，但是在新常态经济发展中，我国的经济也面临着一定的风险，其中最大的风险就是"中等收入陷阱"，面对这些风险，最主要的是找准并且利用好新动能，这也是推动我国经济发展跨越"中等收入陷阱"的关键。

2. 信息革命带来了大机遇

既然充分利用新动能是新常态经济发展阶段至关重要的举措，那么经济发展的新动能到底在哪里呢？怎样才能找到并且利用好新动能呢？这是主要问题，也是一个大难题，这个问题曾经困扰了很多国家。随着经济、社会的发展，人类从农业革命到工业革命，如今人类正在经历信息革命时代，这为我国经济顺利跨越"中等收入陷阱"带来了前所未有的历史机遇。纵观人类社会发展历史，我们可以发现，每一次技术革命都会为生产力带来质的飞跃。具体来讲，农业革命的到来使得人类的生存能力大大提升。经过农业革命，人类生存不再单纯依靠打猎，开始走向自给自足的栽种畜养的时代，这也在很大程度上提高了人类的生活水平，自此人类开始由野蛮时代走向文明社会。随着人类社会的发展，工业革命的到来，为人类的生产生活带来了翻天覆地的变化。在农业时代，人类主要依靠手工生产，生产力受到极大的限制，工业革命之后，大规模的工厂化代替了传统的手工生产，机器代替人力，彻底改变了工业生产能力不足、产品供给不足的局面。如果说工业革命是拓展了人类的体力，那么如今的信息革命则是增强了人类的脑力，在数字化工具、数字化生产、数字化产品等共同作用下催生了数字经济，与此同时也为经济发展提供了新动能。

3. 数字经济的动能正在释放

从生产力的角度来看，数字经济的发展不仅能够解放旧的生产力，还能够创造新的生产力。在现代经济生活中，数字技术的应用实例随处可见，数字技术的应用不仅提高了经济效率，还对经济结构的加速转变起到了巨大的促进作用，在不断发展中，已经逐渐成为全球经济复苏的重要驱动力。随着科技进步，互联网的普及，近年来大数据、云计算、物联网、移动互联网、智能机器人、3D打印、虚拟现实等信息技术不断涌现，再加上其创新应用层出不穷、日新月异，催生出一大批新产业、新业态、新模式。更加值得注意的是，这种变化才刚刚开始，有专家断言在如今的信息时代，人类拥有的关于信息处理的能力、知识相当于工业革命的蒸汽时代，可见数字经济的发展有无限空间。

4. 发展数字经济成为我国的战略选择

数字经济的发展是全球性的，世界上许多国家面对数字经济的发展浪潮都提出了自己的发展战略，以期借助这个历史大浪潮找到自己的发展方向，从而促进本国经济实现质的飞跃。如美国的工业互联网、德国的工业4.0、日本的新机器人战略、欧盟和英国的数字经济战略等。我国政府从我国当前的国情和发展阶段出发，实施"网络强国"战略，积极推进"数字中国"建设，并且大力推行

"十三五"规划中有关数字经济的发展战略，以期利用数字经济的发展浪潮，大力发展我国经济，提高国际竞争力。

（三）数字经济是引领国家创新战略实施的重要力量

1. 发展数字经济是贯彻新发展理念的集中体现

从本质上来看，数字经济集中体现了创新的内在要求，主要体现在以下方面：第一，数字经济是新技术革命的产物；第二，数字经济是一种新的经济形态；第三，数字经济是一种新的资源配置方式；第四，数字经济是一种新的发展理念。我国发展数字经济就是贯彻"创新、协调、绿色、开放、共享"新发展理念的集中体现。第一，数字经济使信息流动的障碍大大降低了，加速了资源要素的流动，提高了供需匹配效率，这在很大程度上对实现经济与社会、物质与精神、城乡之间、区域之间的协调发展起到了促进作用；第二，从资源利用率方面来看，数字经济有利于提高资源的利用率，可以说是绿色发展的最佳体现；第三，数字经济的发展基于互联网技术，这是数字经济发展最大的特点。由于互联网的最大特点是开放共享性，因此数字经济的发展，为更多的地区和人群提供了经济活动参与和共享发展成果的机会，尤其一些落后地区及该地区的人群，通过数字经济发展，获得更多的发展机会。

2. 发展数字经济是推进供给侧结构性改革的重要抓手

随着数字经济的发展，智能制造模式出现，其主要特征是新一代信息技术与制造技术深度融合。智能制造模式的应用使制造业发生了新一轮的变革，即在产品的全生命周期中都贯穿有数字化、虚拟化、智能化技术。在智能制造模式的不断发展和完善过程中，柔性化、网络化、个性化生产已经成为发展的新趋势，在这样的背景下，产业组织出现了一系列的新方式，即全球化、服务化、平台化。

除此之外，数字经济在农业领域以及服务业领域的应用也为该领域的发展起到了重要的推动作用，首先在农业发展方面，数字经济应用产生的作用主要表现在出现了数字农业、智慧农业等农业发展新模式。其次在服务业领域，数字经济应用所产生的影响主要体现在电子商务、互联网金融、网络教育、远程医疗、网约车、在线娱乐等的出现，这些都与人类的生活息息相关，使人们的生活方式、生活水平等发生了极大的改变。

3. 推动"大众创业、万众创新"的最佳试验场

如今已经是数字经济的时代，在这个时代随着数字经济的发展，无论是信息技术、商业模式还是制度方面都不断得到创新。另外，数字经济的发展，使一大批互联网企业不断涌现，这些互联网企业大部分都是极具发展潜力的，数字经济的发展为创新创业提供了强大的驱动力量。

4. 数字经济是构建信息时代国家竞争新优势的重要先导力量

信息革命引发了世界经济版图的重构，在这个过程中，数字经济发挥着重要的作用。随着信息技术的发展，一个国家或地区的核心竞争力越来越表现在数字能力、信息能力、网络能力上。在经过一系列实践之后，在发展数字经济的过程中，我国根据自身特点已经充分展示了自己独特的优势和有利条件，如起步很快并且发展势头良好等。正因为我国数字经济发展的这些优势，使得我国已经在多领域拥有了足以与先行国家进行竞争的底气，不仅如此还同先行国家一起领跑经济的发展。在未来，我国必将在更多领域发挥出领先发展的巨大潜力。

二、发展数字经济的优势

在我国，数字经济的发展具有独特优势，其主要表现在网民优势、后发优势和制度优势三个方面，下面我们将对这三个方面进行详细论述。

（一）网民优势孕育了我国数字经济的巨大潜能

随着互联网的普及、移动技术等的发展，近年来，我国的网民规模不断扩大，信息技术的发展速度更是令人目眩。这些技术的发展、网络用户的增多，对数字经济的发展起到了极大的促进作用。

1. 网民红利日渐显现，使得数字经济体量巨大

在过去的一段时期内，随着我国计划生育政策的实施，虽然人口增长得到了一定的控制，但随着医疗的进步，社会经济的发展，人口发展出现了拐点，一方面是劳动力人口持续下降，另一方面是人口老龄化程度加深，在这样的情况下，使得我国经济发展的人口红利开始逐渐消失。随着我国网民数量的大幅度提升以及互联网的普及率的提高，网民的红利逐渐开始显现。庞大的网民数量为我国数

字经济的发展带来了优势，使数字经济的发展更加具有潜力。举个例子来说，一个只有几个人的互联网企业，在我国庞大的网民基础上，可以在短短几年的时间内就能发展成为行业内耀眼的"独角兽"企业，甚至领先世界水平，这在很大程度上就是基于互联网应用的成千上万，甚至是上亿、数亿的用户规模。从目前我国互联网企业的发展情况来看，我国的互联网企业已经在世界范围内取得出色的成效，由此表明，我国已经告别了人口红利的阶段，转入了网民红利阶段。

2. 信息技术赋能效应显现，使得数字经济空间无限

近年来，面对互联网、信息技术的进步，信息基础设施和信息产品也迅速得到普及，另外信息技术的赋能效应也逐渐显现出来，从而使我国数字经济的创新发展空间得到无限扩大。以往经济发展中的信息不对称问题，在以互联网为基础的数字经济作用下得以解决。在互联网背景下，一些边远地区的人们以及群体都可以通过互联网或者电子商务等途径，对市场信息进行了解。不仅如此，还可以通过这些途径，学习新的生产技术和新的知识，从而为创新创业提供知识和技能的基础。互联网经济实际上也是共享经济，在互联网中人们可以对各种资源进行分享，也可以将分享海量的碎片化资源进行整合，这些资源包括土地、房屋、产品、劳力、知识、时间、设备、生产能力等，经过整合可以使这些资源更加符合社会需求的多样化和个性化，在很大程度上能够提高社会资源分配的能力和效率。因此，可以说，随着互联网技术的发展，网民素质的提高，当每一位网民的消费能力、供给能力、创新能力等都得到进一步提升并且能够发挥作用的时候，数字经济将会迎来更加迅速发展的时期。

3. 应用创新驱动，使得网民优势有效发挥

随着数字经济的发展，以往的以技术创新驱动机制已经发生改变，当前一种新的驱动机制已经诞生，那就是应用创新机制。在这样的背景下，我国的网民优势显得尤为重要。无论是互联网用户还是手机用户，我国的用户规模在全球范围内都占据领先地位，如此庞大的用户规模，使得我国的数字经济在发展过程中，无论哪个领域，都能够很容易处于领先地位，如百度、阿里巴巴、腾讯、京东等，在全球互联网企业市值的排行榜上，这些企业都榜上有名，并且占据前十位的位置。

（二）后发优势为数字经济提供了跨越式发展的特殊机遇

在信息技术的创新发展中，信息技术的创新具有一个显著的特点，那就是跳跃式发展，正是这个特点为我国数字经济的跨越式发展提供了机会。

1. 信息基础设施建设实现了跨越式发展

电话网铜线还没有铺设好就迎来了光纤通信时代，固定电话还没有普及就迎来了移动通信时代，固定宽带尚未普及就直接进入了全民移动互联网时代，2G、3G还没普及就直接使用上了4G、5G。目前，我国信息基础设施基本建成，建成了全球最大规模的宽带通信网络，网络能力得到持续提升，全光网城市由点及面全面推开，城市家庭基本实现了100M光纤全覆盖。❶

2. 农村现代化跨越式发展趋势明显

随着互联网技术的发展和在农村的普及，涌现出了一大批农村电商，如著名的"淘宝村"等，互联网时代的到来使得很多落后的农村改变了面貌。在这样的背景下，大量的大学生被农村新兴产业所吸引，纷纷回乡创业，从而产生了一股人口回流和聚集趋势，这在很大程度上使农村的服务水平得到了提升和改善。现如今，在我国的农村，网购、网销已经随处可见，农民开始在网上学习、订票、进行远程医疗咨询等，这些变化彻底改变了农民的日常生活，使农民的生活显得更加便利和实惠。因此，数字经济的发展为农村地区的发展起到了极大的促进作用。同时，也使农民从农业文明跨入信息文明。

3. 信息社会发展水平相对落后，为数字经济发展预留了巨大空间

目前，信息社会处于转型阶段，这个阶段也可以看作信息社会创新应用的加速扩张阶段。在这个阶段，数字经济的发展得到广阔的发展空间。在目前看来，我国电脑普及率、网民普及率、宽带普及率、智能手机普及率、人均上网时长等都还处于全球中位水平，发展空间巨大，未来几年仍将保持较快增长。以互联网普及为例，仅每年增加4000万的网民，就可促使数字经济的大幅度提升。

（三）制度优势为数字经济发展提供了强有力的保障

我国发展数字经济的制度优势在于强有力的政治保障、战略规划、政策体系、

---

❶ 朱晓明. 走向数字经济 [M]. 上海：上海交通大学出版社，2018.

统筹协调和组织动员。这为数字经济的发展创造了适宜的政策环境，带动了整个经济社会向数字经济转变。

1. 组织领导体系基本健全，为数字经济发展提供了政治保障

2014 年中央网络安全和信息化领导小组的成立标志着我国信息化建设真正上升到了"一把手工程"，信息化领导体制也随之基本健全。建设网络强国、发展数字经济已形成全国共识。各级领导和政府部门对信息化的高度重视，组织领导体系的基本健全，为数字经济的发展提供了重要的政治保障。

2. 信息化引领现代化的战略决策为数字经济发展提供了明晰的路线图

《国家信息化发展战略纲要》提出了从 2016 年起到 21 世纪中叶中国信息化发展的战略目标，明确了在增强信息化发展能力、提升信息化水平、优化信息化发展环境方面的三大类 56 项重点任务。确切地说，国家信息化发展战略决策为数字经济发展提供了明晰的路线图。

3. 制定并形成了较为完整的政策体系

在过去几年时间里，我国围绕信息化和数字经济发展密集出台了一系列政策文件，包括"互联网＋"行动、宽带中国、中国制造 2025、大数据战略、信息消费、电子商务、智慧城市、创新发展战略等。各部门、各地区也纷纷制定出台了相应的行动计划和保障政策。我国信息化政策体系在全球也可以称得上是最健全的，这也体现出国家对发展数字经济的决心之大、信心之足和期望之高。更为重要的是，我国制度优势有利于凝聚全国共识，使政策迅速落地生根，形成自上而下与自下而上推动数字经济发展的大国合力。

第四节　我国数字经济发展状况

数字经济是如今经济增长的新动能，所具有的高增长性、高融合性等特征为推动经济高质量发展不断提供助力。

一、我国发展数字经济的必要性

当前，数字经济正成为我国经济发展的重要驱动力量。统计数据显示，我国

数字经济发展已步入黄金期，2018 年我国数字经济的产业规模达到了 31.3 万亿元，GDP 占比达到 34.8%。发展数字经济对适应和引领经济发展新常态、中国转型发展、贯彻落实新的发展理念、培育新的经济增长点起到重要的促进作用，同时也是落实网络强国战略的重要内容。

（一）是贯彻五大发展理念的集中体现

数字经济本身不仅是新技术革命的产物，也是新的经济形态、新的资源配置方式和新的发展理念，集中体现了创新的内在要求。数字经济减少了信息流动障碍，加速了要素流动，提高了供需匹配效率，有助于实现经济与社会、区域之间的协调发展。数字经济能够极大地提升资源的利用率，是绿色发展的最佳体现。数字经济最大的特点就是基于互联网，互联网的特性是开放共享，数字经济是推动高质量发展的重要支撑。数字经济的发展以数据作为关键生产要素，将有效驱动劳动力、资本、土地、技术、管理等要素实现网络化、共享集约化、整合和协作化、开发和高效化利用。党的十九大报告提出，贯彻新发展理念，建设现代化经济体系。

我国经济已由高速增长阶段转向高质量发展阶段，推动互联网、大数据、人工智能和实体经济深度融合，大力发展数字经济，是加快新旧动能转换、建设现代化经济体系，推动高质量发展的重要举措。

（二）是构建信息时代国家竞争新优势的重要先导力量

随着数字经济的发展，信息时代的核心竞争能力表现为一个国家和地区的数字能力、信息能力和网络能力。中国发展数字经济有着自身独特优势和有利条件，在多数领域已形成与先行国家同台竞争、同步领跑的局面，未来在更多的领域都将有领先发展的巨大潜力。当前，欧美等发达国家都将发展数字经济提升到国家战略高度，面对新一轮互联网信息化革命浪潮，我国政府也根据基本国情和整体需要，提出"网络强国"的发展战略，积极推进"数字中国"建设，从而使数字经济上升到国家战略层面。数字化工具、数字化生产、数字化产品等数字经济形态快速崛起，成为新常态下我国经济结构转型升级和经济发展的新动能。数字经济是经济一体化的重大机遇。随着世界经济结构经历深刻调整，许多国家都在寻找新的经济增长点，以期在未来发展中继续保持竞争优势，更有效地提高资源利用效率和劳动生产率。全球范围内，数字经济对全球经济增长的引领带动作用不断显现，发展数字经济已在国际社会凝聚了广泛共识，为促进加深各国务实合作，构建以合作共赢为核心的新型国际关系提供了重大机遇。

（三）是推进供给侧结构性改革的重要抓手

以新一代信息技术与制造技术深度融合为特征的智能制造模式，正在引发新一轮制造业变革，数字化、虚拟化、智能化技术将贯穿产品的全生命周期，柔性化、网络化、个性化生产将成为制造模式的新趋势，全球化、服务化、平台化将成为产业组织的新方式。数字经济在农业领域中不断引领农业现代化，开启数字农业、智慧农业等农业发展新模式。在服务业领域，数字经济的影响与作用已经很好地体现出来，电子商务、互联网金融、网络教育、远程医疗、网约车以及在线娱乐等已经使人们的生产生活发生了极大改变。我国产业成本虽然持续走高，但产业效率却很低，数字化转型需求日益迫切。从成本来看，2000~2017年，中国劳动力的平均工资上升了8倍，波士顿咨询公司的报告也认为中国的制造成本逼近美国；从效率来看，中国工业的人均增加值只有美国的1/5，服务业更低，只有1/10。中国产业高质量发展亟须由要素驱动转向创新驱动，加快数字化转型是必然选择。中国信息通信研究院（简称中国信通院）的测算表明，近年来工业企业的生产效率有所提升，其中有29%是由数字技术贡献的。

随着全球信息化步入全面渗透跨界融合、加速创新引领发展的新阶段，我国也借势深度布局，大力推动数字经济的发展。中国特色社会主义已经进入新时代，中国经济已由高速增长阶段转向高质量发展阶段。推动数字经济蓬勃发展，对于拓宽我国经济发展空间，培育发展新动能，满足人民日益增长的美好生活需要，都具有极为重要的意义。

二、我国数字经济发展水平

（一）数字经济基础设施水平

如图1-4-1所示，反映了2010~2019年我国城市、农村宽带接入用户数及互联网接入端口情况。

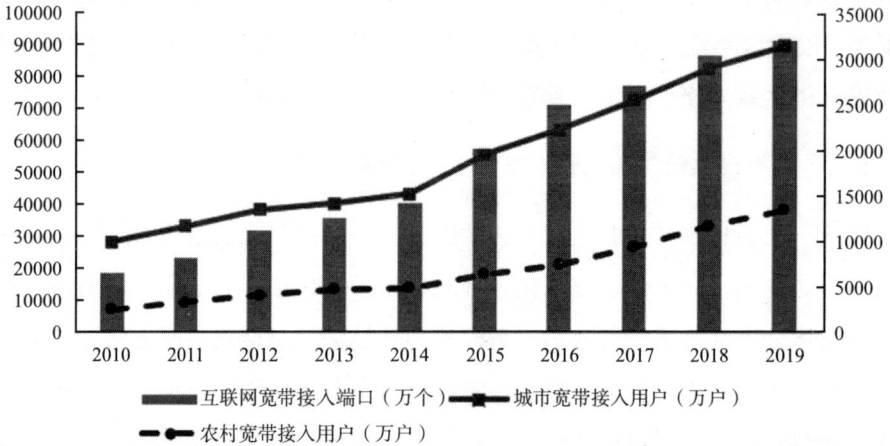

图 1-4-1　2010~2019 年我国城市、农村宽带接入用户数及互联网接入端口

（数据来源：国家统计局）

如表 1-4-1 所示，反映了 2007~2019 年每百人拥有网站个数及长途光缆线路长度情况。

表 1-4-1　2007~2019 年每百人拥有网站个数及长途光缆线路长度

时间	每百人拥有网站个数（个）	长途光缆线路长度（万公里）
2007	0.114	79.220
2008	0.227	79.800
2009	0.242	83.100
2010	0.142	81.810
2011	0.170	84.230
2012	0.198	86.820
2013	0.235	89.000
2014	0.245	92.840
2015	0.308	96.530
2016	0.349	99.410
2017	0.384	104.500
2018	0.375	99.410
2019	0.379	108.490

　　数字基础建设是推动数字经济发展的基础和重心，因此推动数字经济发展首要任务就是要完善数字基础设施。我国网络基础资源建设扎实推进，互联网持续纵深普及，加快向农村及偏远地区延伸。由图 1-4-1 可知，2010~2019 年互联网接入端口从 18781.1 万个增加至 91578.0 万个，年均增长率达到 19.2%，平均每年增长 8088.5 万个接入端口。与此同时，互联网宽带接入用户也呈现稳定上升趋势，不论是城市还是农村，宽带接入用户均呈现稳定上升的态势。其中，城市的宽带接入用户在 2019 年已增长至 31450.53 万户；农村较城市虽有较大差距，但同样呈现逐步上升的态势，2010~2019 年由 2475.7 万户上升至 13477.3 万户，年均增长率达到了 20.7%。由表 1-4-1 可知，2007~2019 年，每百人拥有网站个数由 0.114 个上升至 0.379 个，年均增长率为 10.5%，长途光缆长度稳步增加，由 79.2 万公里增长至 108.5 万公里。由此可见，我国数字基础设施建设发展较好，互联网接入端口数量、每百人拥有网站个数、长途光缆线路长度等网络基础设施均呈现上升的态势，为数字经济产业发展提供了良好的支撑。

（二）数字经济应用水平

　　如图 1-4-2 所示，反映了 2007~2019 年我国互联网普及率、互联网上网人数及移动电话普及率情况。

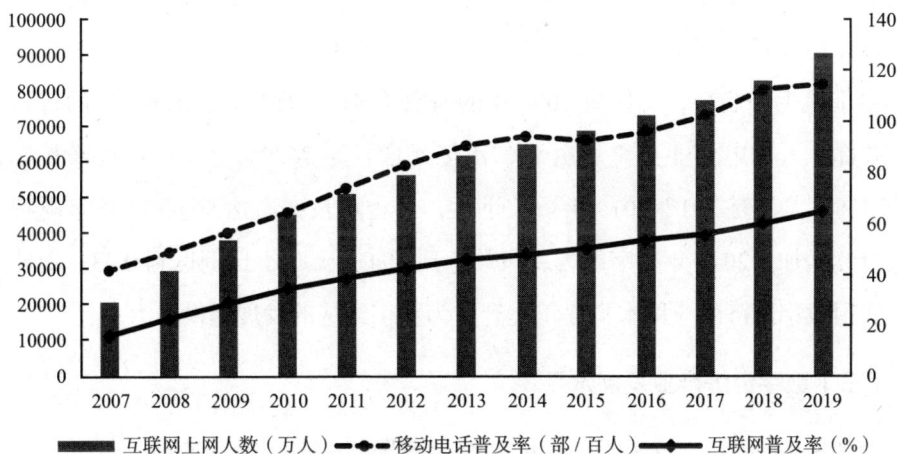

图 1-4-2　2007~2019 年我国互联网普及率、互联网上网人数及移动电话普及率

（数据来源：国家统计局）

如图 1-4-3 所示，反映了 2007~2019 年我国人均电信业务总量、数字电视用户比例情况。

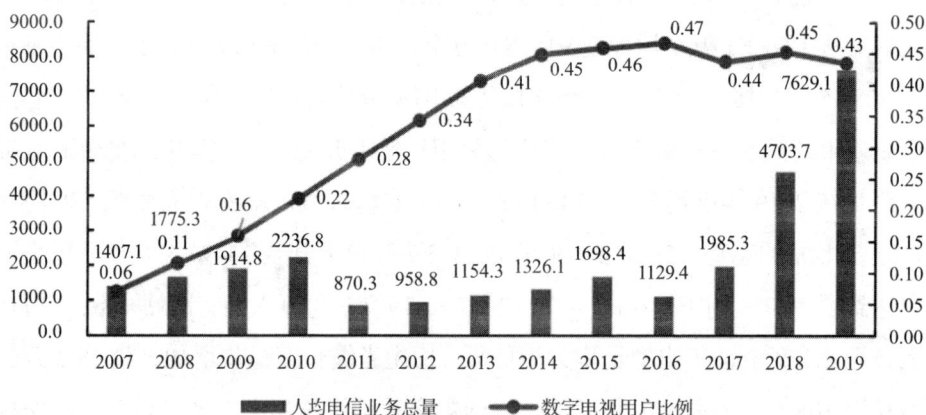

图 1-4-3　2007~2019 年我国人均电信业务总量、数字电视用户比例

（数据来源：国家统计局）

随着"宽带中国"战略的持续推进，我国数字经济的应用水平不断提高，人均电信业务总量、数字电视用户比例等指标不断增长。2007~2019 年，互联网上网人数由 21000 万人增加至 90359 万人，年均增长率为 11.9%，年均增长上网人数约 5779.9 万人；我国的互联网普及率持续上升，由 16.0% 上升至 64.5%，大约是原来的 4 倍；移动电话普及率也稳步上升，除 2015 年存在略微反弹外，其余年份都呈上升趋势，总体由 2007 年的每百人 41.64 部增加至 2019 年的每百人 114.38 部。人均电信业务总量由 1407.1 亿元增长至 7629.1 亿元，年均增长率达到 15.1%，尤其是 2017~2019 年增长迅猛，年均增长率高达 56.6%。数字电视用户数持续增加，2019 年数字电视用户数达到 19417 万户，比例达到 0.43。由此可见，我国数字经济的应用水平逐年提升，为数字经济的发展提供动力。

（三）数字经济产业发展水平

如图 1-4-4 所示，反映了 2010~2019 年我国软件业、软件产品、信息技术服务收入情况。

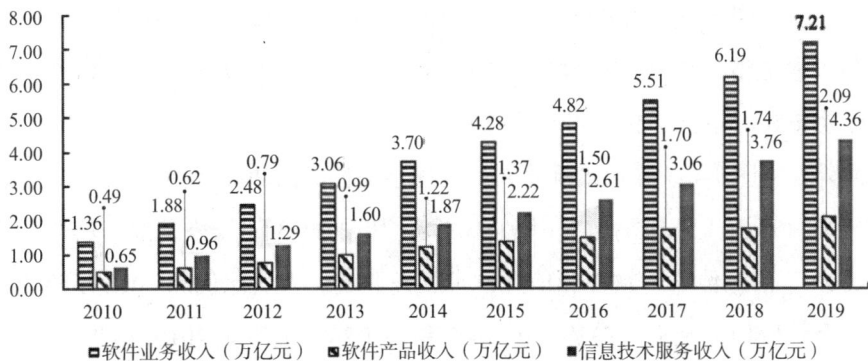

图 1-4-4　2010~2019 年我国软件业、软件产品、信息技术服务收入

（数据来源：国家统计局）

如图 1-4-5 所示，反映了 2007~2019 年我国信息传输、软件和信息技术服务业就业人员及比例情况。

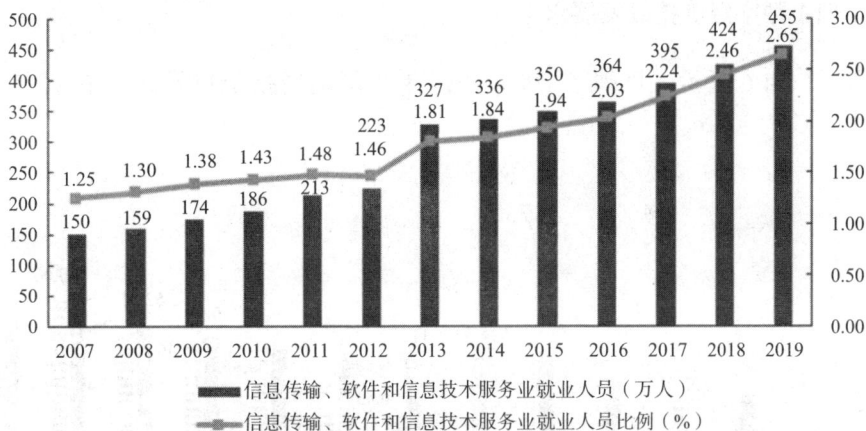

图 1-4-5　2007~2019 年我国信息传输、软件和信息技术服务业就业人员及比例

（数据来源：国家统计局）

数字经济产业是推动数字经济发展的支撑力量，数字产业的扩大发展为其他行业提供了技术支持。其中，软件业、软件产品和信息技术服务收入反映了产业的发展状况，信息传输、软件和信息技术服务业就业人员反映了人力资本状况，如图 1-4-4 和图 1-4-5 所示。由图 1-4-4 可知，2010~2019 年我国软件业发展态势良好，软件业收入、软件产品收入和信息技术服务收入均呈现增长趋势。具体而言，2010~2019 年软件业收入由 1.36 万亿元增长至 7.21 万亿元，年均增长率为

20.37%；软件产品收入由 0.49 万亿元增加至 2.09 万亿元，年均增长率为 17.38%；信息技术服务业的收入在 2007 年仅为 0.65 亿元，至 2019 年已增长到了 4.36 万亿元，是 2007 年的 6.7 倍，可见增速较快。

此外，由图 1-4-5 可知，就业人员也逐年增长，由 2007 年的 150 万人增长至 2019 年的 455 万人，年均增长率为 9.69%，其中 2013 年涨势迅猛，增长率达到了 46.64%。信息传输、软件和信息技术服务业就业人员比例除 2012 年略微下降外，其余年份均呈现上升趋势，由 2007 年的 1.25% 上升至 2019 年的 2.65%，年均增长率为 6.48%。由此可见，数字经济产业的支撑作用明显，软件业、信息技术服务业等信息产业增长态势明显。从就业人员所占比例上看，虽然每年就业人员比例正在逐年增长，但是其所占比例仍然较低，且其增长率具有放缓的趋势，因此现阶段仍然需要注重数字人才的培养，为数字经济的发展注入活力。

（四）数字经济持续发展水平

如图 1-4-6 所示，反映了 2007~2019 年我国创新指数以及人均有效专利数情况。

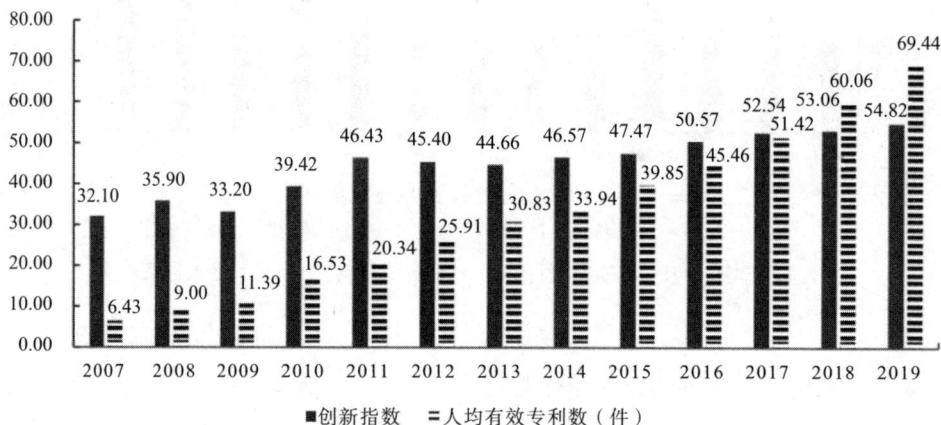

图 1-4-6　2007~2019 年我国创新指数以及人均有效专利数

（数据来源：国家统计局）

如图 1-4-7 所示，反映了 2007~2019 年我国研发强度。

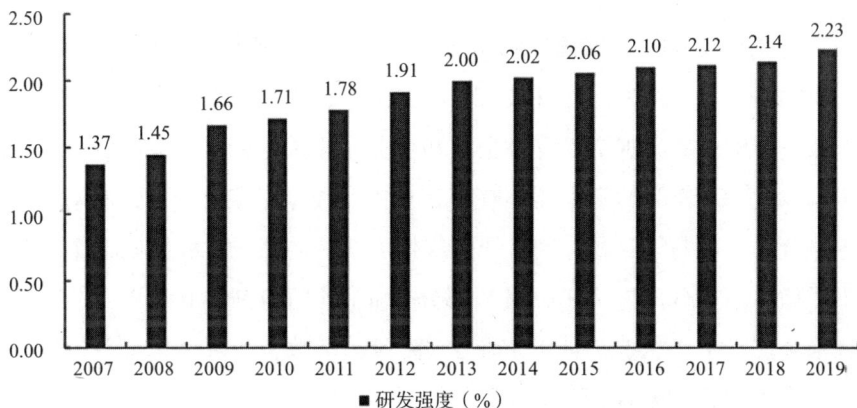

图 1-4-7　2007~2019 年我国研发强度

（数据来源：国家统计局）

数字经济的可持续发展需要良好的科技创新环境和充足的研发经费投入。如图 1-4-6、图 1-4-7 所示，2007~2019 年，我国创新能力不断增强，创新指数由 32.1 上升至 54.82，全球排名由第 29 上升至第 14 名；人均有效专利数由 2007 年的 6.43 件增长至 2019 年的 69.44 件，年均增长率达到 21.9%；研发经费投入持续增加，研发强度由 2007 年的 1.37% 上升至 2019 年的 2.23%。由此可见，我国数字经济的发展环境较好，可持续发展能力较强。

从数字基础设施、应用水平、产业发展水平和可持续发展水平 4 个维度分析我国数字经济发展水平，发现基础设施建设发展较好，网络基础设施均呈现上升的态势。数字经济的应用水平逐年提升，可持续发展能力较强，为数字经济的发展提供动力，数字产业增长态势明显，为数字经济的发展提供支撑。

三、我国数字经济发展制约因素

我国数字经济发展虽然已经取得了显著成效，并成为全球数字经济发展第一梯队成员，但仍面临一些制约瓶颈。

（一）内部环境

1.数字经济与实体经济的融合发展尚有不足

当前，我国数字经济与实体经济融合发展虽然取得了一定成绩，但融合发展的深度和广度还有很多不足，特别是在产业融合发展方面表现得尤为明显。从宏观层面看，我国现有的数据挖掘利用能力还跟不上数据爆发式增长的现实态势，在解决市场信息不对称方面还有很长的路要走，技术创新成效和经济高质量发展的要求还不匹配；从微观层面看，企业和行业对相关产业与数字经济深度融合的价值识别以及主动作为的意识还不够，在具体实践中存在数字化、网络化、智能化资源整合力量薄弱等问题。制造业是实体经济的主战场，我国制造企业数字化发展不平衡、不充分问题突出，虽然部分企业达到了工业 3.0 水平，但大部分企业，特别是广大中小企业仍处于工业 2.0 阶段，多数企业数字化水平较低，网络化、智能化的演进基础仍然薄弱。

2. 数字经济人才短缺问题突出

我国数字经济发展的速度较快，很多科技型企业、研究机构在核心技术研发、大数据挖掘应用等领域的人才储备不足，自主创新研发能力较弱。特别是在一些重点行业的核心技术和关键产品研发方面，人才短缺问题比较突出，这在一定程度上制约了对数字资源更好地开发利用。

3. 数字安全隐患突出

高危漏洞及网络攻击事件有增无减，重要基础设施建设受到严重威胁，尤其是金融和能源领域成为重灾区，面临个人信息和重要数据被泄露的风险。据智研咨询集团发布的《2019—2025 年中国网络安全行业市场需求预测及投资未来发展趋势报告》统计，2018 年我国猎网平台共收到有效诈骗举报 21703 例，总计金额为 3.9 亿元，人均损失为 24476 元，人均损失增幅达到 69.8%。因此，数据泄露所导致的信息诈骗已经成为威胁我国网民财产安全的主要问题。

（二）外部环境

1. 数字经济的全球化竞争日益加剧

美国、欧盟等发达国家和地区先后密集出台数字经济相关战略，意图增强本国和本地区的科技和经济竞争力，保持自身在科技创新领域的优势地位。其中，美国和欧盟国家出台的相关计划数量众多，表现出对数字经济领域发展的高度重视。此外，人工智能领域是各国普遍关注的重点领域，在制定发展战略的同时，还相继出台了技术发展和道德准则规范，以防范人工智能技术野蛮发展带来的安全隐患。在国家战略层面，大数据、先进制造、智慧城市、5G 技术都是发达国家和地区关注的热点。

2. 信息安全风险和威胁增多

随着新兴技术的广泛应用，伴随而来的信息安全威胁给我国信息安全带来新的挑战。据统计，我国 90% 以上芯片、操作系统等软硬件产品以及通用协议和标准依赖进口，面临敏感信息泄露、系统停运等安全风险。同时，基础网络、重要信息系统、工业控制系统的安全风险日益突出，网络犯罪和新兴技术的安全威胁持续加大，使我国信息安全发展形势严峻复杂。

3. 数字贸易壁垒愈演愈烈

自 2018 年中美贸易摩擦开端以来，国际竞争格局持续快速变化，特别是 2019 年 5 月美国将华为列入出口管制"实体名单"，威胁切断华为供应链，试图以举国之力阻碍其发展的一系列举动，表明贸易壁垒已经成为大国之间进行科技竞争的手段之一。中国数字经济发展不仅处于国际竞争格局快速变化的大背景下，同时高质量发展阶段也对基础研究和关键核心技术突破提出更多要求。

第五节　数字经济的技术及应用发展

一、互联网发展基本面向好

（一）全球网民渗透率将近过半

根据国际电信联盟（ITU）数据，2021 年，世界互联网用户数量达到 48 亿人，占总人口比例的 61.5%，占比超过一半。另外，据互联网数据统计机构 Internet World Stats 的数据，冰岛、丹麦、荷兰、挪威、塞浦路斯等国家的互联网普及率已超过 95%，"国民即网民"的状态加快来临。就规模来看，中国、印度、美国、巴西、印尼、日本和俄罗斯七个国家的网民规模居前，均超过 1 亿人，印度和印尼两个人口大国近年来网民规模增长迅速。

我国网民规模经历 10 多年的快速增长后，网民规模增长率趋于稳定。

（二）互联网终端进入后移动时代

自 2007 年 1 月苹果公司推出新一代 iPhone 手机，移动互联网已有 10 多年发展历程。十几年来，移动互联网高歌猛进，极大颠覆了传统互联网的商业模式，催生了共享经济、O2O 等诸多新业态。移动互联网成为互联网产业发展的主要基础设施。

根据市场调研机构 Stat Counter 的数据，2022 年 1 月，通过手机访问互联网的用户占了 92.2%，桌面端为 48.7%，移动互联网的使用量在全球范围内首次超过了桌面互联网。在中、日、韩、英等国家，移动互联网早已取得绝对的优势。例如，根据艾瑞咨询的数据，2022 年中国移动购物在整体网络购物交易中占比超过八成，这标志着移动互联网时代在全球范围内全面到来，互联网发展进入后移动时代。

二、云计算迎来市场收获期

（一）科技巨头主导全球云计算发展

亚马逊、微软、IBM 和谷歌四大厂商主导了全球云计算市场。根据信息技术研究和分析公司 Gartner 的数据，四家公司占据全球云计算基础服务市场一半以上的份额。

AWS 是亚马逊无心插柳的云计算业务，如今已成为全球最大的云计算厂商，是当之无愧的云计算霸主。

2022 年 AWS 的收入达 801 亿美元，它在全球 16 个区域内部署了 42 个可用区。AWS 成立十几年年时间，不断推出新产品，降低原有产品的价格，降价达52 次之多，正是依托于云计算业务的巨大成功，亚马逊在 2016 年成为世界第五大上市公司。

微软是由传统 IT 厂商成功转型云服务的典范。2014 年，微软确立了"移动优先、云计算优先"的新战略，凭借 Office365 和 Azure 双引擎，微软奠定了行业第二的地位。Azure 增长尤为强劲，截至 2016 年底，Azure Premium 业务的收入连续 10 个季度实现三位数增长。基于云计算和人工智能的发展，微软的市值也在 2022 年达到了 13 万亿美元。

另一传统 IT 巨头 IBM 的转型则相对艰难，IBM 先是转型做软件和咨询服务，后才转向云计算。IBM 虽然已成为私有云的领导者，但尚不能扭转公司业绩不断下滑的趋势。

为加快追赶亚马逊和微软的步伐，谷歌加大了对云计算的布局调整。2015年11月，谷歌花费3.8亿美元重金挖来了VMWare（威睿）联合创始人戴安·格林（Diane Greene），负责新成立的云计算应用和基础设施部门。2016年10月，谷歌将企业沟通服务Google for Work、云办公处理软件、Cloud Platform，甚至是企业级的安卓手机、平板和Chromebook电脑等软硬件，都归到格林的手下，这是谷歌当年最大的一次架构调整。

（二）第二梯队企业加大投资并购力度

亚马逊、微软、IBM和谷歌四大厂商的主导地位虽然已经确立，短期内难以改变，但云计算的涉及范围广，市场空间大，在诸多细分领域仍有数量众多的成功企业，尤其是那些实力雄厚且位于第二梯队的云服务商。2016年，以甲骨文、Salesforce为代表的第二梯队企业取得了突出的成绩，他们主要通过加大投资并购力度，来巩固优势、弥补不足。

全球第二大软件公司甲骨文是闻名的收购大户，其收购总数量达到了115家，甲骨文积极向云计算转型，自2010年以来其收购的重点转向云计算，特别是SaaS供应商，来填补特定垂直市场的空白。2016年，甲骨文的并购十分活跃，一共花费了120亿美元成功收购9家公司。其中，最大一笔交易是斥资93亿美元收购云服务解决方案供应商Net Suite，这也是甲骨文史上第二大的收购。云软件创业公司Ravello Systems、建筑工程云服务提供商Textura、节能数据云服务公司Opower、基于云的互联网性能和DNS（域名系统）提供商Dyn四家公司的收购价格均在5亿美元以上。甲骨文的转型已取得阶段性进展，2017财年第二季度，其云服务总营收首次突破10亿美元大关，达到10.5亿美元，增速高达62%。

（三）中国市场中阿里和腾讯处于领先位置

中国的云计算市场虽然规模相对较小，但发展迅速。其中，阿里云和腾讯云处于领先位置。云计算是阿里巴巴当前的发展亮点。截至2016年底，阿里云付费用户数量增长至76.5万，同比翻番；从2015年第二季度开始，其营业收入连续七个季度实现三位数增长。

腾讯的云服务收入也呈爆发式增长，2016年增长逾两倍。2016年12月，腾讯云开放了11个海外服务节点，至此腾讯云在海外的服务节点增至14个，加上国内 5 个数据中心，腾讯云一共拥有 19 个全球服务节点。腾讯云也因此成为全球云计算基础设施最完善的中国互联网云服务商。

三、人工智能进入发展黄金阶段

人工智能（Artificial Intelligence，AI）起源于 1956 年夏天的达特茅斯人工智能研究会议，在会议上第一次提出了人工智能的概念。几十年来，人工智能在曲折中前进。

2016 年是不平凡的一年，标志着一个时代的结束，也象征着新时代的到来。2016 年 3 月，谷歌 Alpha Go（阿尔法围棋）战胜韩国围棋九段李世石，引起了世界的关注，吸引了更多的人关注人工智能。如果深入分析这一现象背后的原因，我们就会发现新一轮的技术创新极大地推动了人工智能的发展。互联网、大数据和传感器发展得越来越深入和普及，基于云平台的大规模计算能力以及算法有了重大进展，计算机已经可以凭借深度学习独立完成更为复杂的任务，人工智能已经无处不在。

（一）世界各国纷纷出台人工智能战略

人工智能发展水平较高的国家是美国，可以说美国是信息技术的起源地。美国 2013 年开始发布人工智能计划，2016 年加快对人工智能的布局。除美国外，多国政府发布了人工智能相关发展战略与计划。例如，英国政府发布《人工智能：未来决策制定的机遇与影响》的报告；日本文部科学省确定了"人工智能／大数据／物联网／网络安全综合项目"（AIP 项目）2016 年度战略目标，《日本再兴战略 2016》将人工智能发展列为十大复兴战略之首；中国发布《机器人产业发展规划（2016—2020 年）》和《"互联网＋"人工智能三年行动实施方案》。在 2016 年之前，欧盟也发布了《欧盟人脑计划》。

（二）人工智能成为科技巨头的战略支点

现阶段，移动互联网发展红利日趋减少，后移动时代已经到来。人工智能逐渐发展为后移动时代的战略支点，科技巨头力图在云端建立人工智能服务的生态系统。

亚马逊、谷歌、百度等公司在 2016 年相继宣布人工智能是它们未来发展的重点。为了更好地抓住人工智能的机遇，以及应对人工智能的挑战，Alphabet、

IBM、Facebook、亚马逊和微软五家美国科技巨头在 2016 年 9 月宣布组成智能伙伴关系（Partner ship on AI），之后苹果公司也加入了人工智能伙伴关系。人工智能伙伴关系产生了重要的影响，有利于推动公众了解人工智能技术。此外，人工智能伙伴关系将设立未来人工智能领域研究者需要遵守的行为准则，并针对当前该领域的挑战及机遇提供有益有效的实践。

在国内人工智能方面，布局时间较早的是百度。百度于 2013 年成立了深度学习研究院，并且建立了硅谷人工智能实验室。2016 年 9 月发布了百度大脑，这意味着人工智能自此成了百度核心业务中的核心。此外，腾讯也成立了人工智能实验室，致力于发展自然语言处理、语音识别、机器学习、计算机视觉等。

（三）顶尖人才争夺战激烈上演

顶尖的科学家是人工智能发展的重要支撑，目前全球顶尖人工智能人才十分稀少，仅有寥寥几十人，且主要分布在高校院所。在 2016 年，科技公司就已经显现出对人工智能人才激烈争夺的趋势，科技公司往往开出高昂的薪资待遇来吸引人工智能人才。

（四）创业创新投资快速增长

从 2012 年开始，人工智能初创企业投资增长迅速，国内的发展也比较快速。根据《乌镇指数：全球人工智能发展报告 2016》统计，2016 年上半年，中国人工智能投资达到了约 6 亿美元的规模，仅第二个季度就达到了 4.7 亿美元，创下了新的纪录，这表明中国在人工智能领域的投资明显增速，仅次于美国、西欧等发达国家。

2016 年，在人工智能领域诞生了三家新的独角兽公司，分别是无人驾驶汽车创业公司 Zoox、中国的健康医疗人工智能初创企业碳云智能和美国的人工智能网络安全初创企业 Cylance 科技公司。微软和谷歌的人工智能专利申请数量在美国五大科技巨头中是排在前列的。从 2009 年至今，微软已经申请了超过 200 项与人工智能相关的专利，谷歌超过 150 项。

四、区块链创造信任促进价值全球流动

2008 年，化名为"中本聪"（Satoshi Nakamoto）的学者发表了一篇论文《比

特币：一种点对点的电子现金系统》，区块链技术由此诞生。在传统的分布式系统基础上，区块链创作了一种崭新、更加广泛的协作模式，有利于解决点对点对等网络下的数据一致性问题。区块链技术不同于单一信用背书实体的传统信任机制，创建了一种新型的信任机制，新型信任机制建立在公认算法基础上，正因为公认算法具备客观性的特点，所以网络中存在的恶意节点难以对其产生明显影响，这样就能保证共识的达成，从而正确处理业务。这正是区块链技术的价值所在，影响了多个行业和领域。

（一）世界各国十分重视区块链发展

区块链是比特币的基础技术，区块链的发展道路充满了曲折和艰辛。最初的时候，针对比特币的监管和效率问题，各国监管机构评价褒贬不一，直到近两年，各国才普遍认可了区块链技术在未来公共服务提供、经济体制变革、社会生活机制优化完善等方面存在巨大的应用价值。随着时间的推移，各国政府不断深化对区块链的认识，各国政府相关部门更加重视区块链的发展，将区块链上升到国家战略层面，加大力度推动区块链技术的发展。

从国际组织来看，2016 年初，联合国社会发展部（UNRISD）发布了《加密货币以及区块链技术在建立稳定金融体系中的作用》报告，提出了关于利用区块链技术构建一个更加稳固的金融体系的想法，同时认识到了区块链技术的重要价值，指出在改善国际汇兑、国际结算、国际经济合作等领域，区块链技术有着广阔的发展前景；国际货币基金组织（IMF）也针对各国关注的数字货币问题发布《关于加密货币的探讨》报告，详细分析和阐述了基于区块链技术加密货币的未来发展。

从美洲来看，不同的监管机构从各自的监管领域表达了对区块链技术的支持态度。例如，美国司法部于 2015 年 11 月 10 日举行了数字货币峰会，号召加强政府与行业之间的沟通与合作；美国证券交易所已经批准在区块链上进行公司股票交易；美国商品期货交易委员会一方面促进区块链技术的发展，另一方面加强对区块链技术发展的监管。现阶段，美国商品期货交易委员会已经将比特币当作大宗商品来进行监管；此外，美国国土安全部开始着手研究区块链在国土安全分析和身份管理中的应用。

从欧洲来看，2016 年初，英国政府发布了一份关于分布式账本技术的研究报告，这份报告首次从国家层面全面分析了区块链技术未来的发展应用，并提出了研究的建议，不仅如此这份报告也是目前最为全面透彻、立足层面最高的研究报告，其他国家如果想要制定和研究区块链领域的政策，就可以借鉴和参考英国政府发布的这份报告。2015 年底，总统普京接收到了一份来自俄罗斯互联网发展研究所提交的报告，这份报告的主要内容为区块链技术发展路线图，这份报告有着重要的意义，规划了区块链技术未来发展的法律框架。2015 年 12 月底，突尼斯宣布已开始研究通过加密技术发行本国货币，以提升本国的金融服务能力。

从亚太地区来看，2015 年 10 月 16 日，日本召开金融经济会议，主要研究和商讨区块链技术的未来发展以及产生的影响。2015 年 11 月 13 日，新加坡总理呼吁该国银行和监管机构密切关注区块链等最新科技的发展，提高技术水平，创新商业发展模式，进一步提升服务水平。2016 年 2 月 3 日，韩国央行发布了题为《分布式账本技术和数字货币的现状及启示》的研究报告，积极研究和探讨了数字货币和分布式账本技术。

（二）区块链存在的安全隐患

有人将安全可靠视为区块链最突出的优点。比特币虽然是基于区块链、公认最成功的全球应用案例，但是比特币的安全事件却时有发生。不论是 2011 年 6 月全球最大的比特币交易所 Mt.Gox 被盗事件，还是 2016 年 8 月发生的 Bitfinex 交易所遭黑客攻击事件，都揭示了比特币虽然比现有系统安全可靠，但也并不是理想中那么安全。

除此之外，2016 年 7 月，基于以太坊全球最大的众筹项目"The DAO"被黑客攻击，导致价值 6000 万美元的以太币被盗，最后只能通过硬分叉的方式来解决。2017 年 2 月 25 日，SHA-1 安全加密演算法遭破，谷歌发布了攻破 SHA-1 加密算法的实际案例。使用 SHA-2 加密算法的区块链，离"不安全"的距离究竟还有多远？

第二章　数字货币与区块链简介

传统意义上的数字货币是一种不受管制、数字化的虚拟货币，通常由开发者发行和管理，被特定虚拟社区的成员所接受和使用。了解传统数字货币有助于了解区块链。本章主要内容为数字货币与区块链简介，详细论述了比特币和以太坊、区块链基本情况介绍、区块链的工作原理和区块链技术落地应用。

第一节　比特币和以太坊

一、比特币介绍

谈到区块链，必然会涉及比特币。深入了解比特币的知识，有助于我们更深刻地掌握区块链的精髓。

2008 年 11 月 1 日，自称中本聪的学者发表了一篇题为《比特币：一种点对点的电子现金系统》的研究论文，提出了他对电子货币的新设想。2009 年 1 月 3 日，比特币首笔交易达成，标志着比特币的面世。

比特币采用的是分布式账单，这种账单不受第三方机构的限制，中本聪将其称为"区块链"。在区块链程序中，用户愿意贡献出自家 CPU 的运算能力，来运转一个特别的软件，从而成为一名"挖矿工"，形成一个保持"区块链"运转的网络。在这个过程中，会生成新的货币，交易也在这个网络上延伸，计算机通过运转这个软件能够破解不可逆的暗码难题，第一个成功处理难题的"矿工"会得到相应的比特币奖赏，相关买卖区域加入链条。"矿工"数量越来越多，随之产生的题目也会越来越难，这就保证了每个买卖区的比特币生产率大约保持在 10 分钟一枚。

比特币网络通过"挖矿"来生成新的比特币。这里的"挖矿"指的是用计算机解决一种基于加密哈希算法的数学难题，来保证比特币网络分布式记账系统的一致性。之后，比特币网络会新生成一定量的比特币，这些比特币是奖励给获得答案人的奖金。比特币的总量是恒定的，最多可以发行2100万枚。

比特币经济确认和记录所有的交易行为，其方式是使用整个P2P网络中众多节点构成的分布式数据库来进行，同时积极采用密码学设计，以此来确保货币流通至各个环节的安全性。P2P具备去中心化的特征，这一特征与算法可以确保无法通过大量制造比特币来进行人为操控币值。比特币的设计采用了密码学的原理，可以保证比特币只能被真实的拥有者转移或者支付，不仅如此这一设计还确保了货币所有权与流通交易的匿名性。比特币是不同于其他虚拟货币的电子货币，比特币的总数量是非常有限的，稀缺性比较强。

比特币中数字货币系统不受信用中介的制约，只需要通过数字签名（Digital Signature），就能使在线支付直接由一方发起并支付给另一方，中间不涉及任何的金融机构。另外，为了避免出现双重支付（Double Spending，双花）的情况，比特币使用了一种利用工作量证明机制的点对点网络来记录交易的公开信息，通过随机散列（Hashing）的方式，该网络对全部交易加上时间戳（Time），并将它们合并入一个不断延伸的基于随机散列的工作量证明（Proof of Work，PoW）的链条中，以此作为交易的记录，通过这种方式形成的交易记录是没有办法改变的。利用节点控制绝大多数CPU的计算能力，如此一来攻击者就不能对交易记录做出变动。每个节点都具有很好的匿名性，不需要明确自己的身份，可以随时离开网络，重新加入网络也是非常方便的。节点通过自己的计算力进行投票，表决它们对有效区块的确认，通过不断延长有效区块链来表达自己的确认。概括来说，比特币包含了点对点数字货币系统所需要的全部规则和激励措施。

比特币是一种去中心化的共有区块链系统，在相互间没有信任基础的前提下完成点对点交易的共识机制。比特币发行和共识机制是建立在工作量证明算法基础上的；比特币的使用过程，建立在点对点支付和全局记账的基础上，比特币货币的有效性建立在追溯验证算法的基础上。所谓的"挖矿过程"指的就是把系统中没有记录的现有交易打包到区块里，通过系统提供的计算挖矿难度的随机数不断遍历，最先达到条件的会获得记录区块的权利，然后节点将该区块记录通过网络发布广播，全网其他节点针对该区块的满足条件进行验证，如果验证的区块记录交易符合相关规定，其他节点就需要把该区块记录的信息更新到自己节点的区块链上，这样就能形成全网账本的共识。

点对点的传输方式具有明显的特点，如去中心化、全球化和匿名性等，可以说点对点的传输方式代表了去中心化的支付系统。比特币在全球范围内的转账就像发电子邮件一样简单、不受限制，正是因为比特币的这些特性，在跨境贸易、支付、汇款等领域常常会用到比特币。

据统计，比特币已成为一个在全球有着数百万用户、数万商家接受付款，市值超千亿美元的货币系统，真实市值可能比这个还要更高。

在数字加密货币家族中，以太坊的以太币也为专用加密货币，长期市值排名第二，仅次于比特币。

二、以太坊介绍

以太坊（Ethereum）的创始人是俄裔加拿大人 Vitalik Buterin。1994 年，Vitalik Buterin 出生在俄罗斯莫斯科。在他 6 岁那年，他跟随父亲来到加拿大，三年级时他就展现出了卓越的数学天赋，10 岁时开始学习编程。

2011 年，17 岁的 Vitalik 初次接触比特币，不久就开始了对比特币的研究，并向《比特币周刊》（*Bitcoin Weekly*）投稿，后来他亲自创办了《比特币杂志》（*Bitcoin Magazine*），并结识了不少当时比特币圈内的人物。

2013 年，Vitalik 到各国拜访了大量开发者并与他们交流、讨论，提出比特币需要一种能用于开发复杂应用的语言，并构想了能支持这种语言的平台，这就是日后的"以太坊"。之后 Vitalik 将自己的想法整理汇总，虽然写出了《以太坊白皮书》，但他的想法并没有得到太多人的认可，于是 Vitalik 决定自己单干，将《以太坊白皮书》通过他的朋友四处转发、传播，通过这种途径，他结识了一批以太坊的支持者，并建立了以太坊最初的社区。

2014 年 1 月，在美国迈阿密举办的北美比特币大会上，Vitalik 向世界展示了以太坊，随后成立非营利组织"以太坊基金会"，并于当年 7 月通过 ICO 募得 3.1 万枚比特币。

Vitalik 在推进以太坊开发的过程中，遇到了一位至关重要的人物 Gavin Wood 博士。Gavin Wood 是一位天才程序员，2013 年开始对数字货币技术着迷，并通过朋友介绍认识了 Vitalik，从而加入了以太坊，帮助 Vitalik 完善了大量以太坊的技术细节，解决了以太坊的很多关键问题。

Gavin Wood 在以太坊开发过程中所做的最大贡献就是撰写了以太坊经典的技术论文《以太坊黄皮书》，对以太坊的核心——以太坊虚拟机（Ethereum Virtual Machine，EVM）进行了详细的定义和描述。

在 Vitalik 和 Gavin Wood 的带领下，以及以太坊核心开发者们的不懈努力，终于在 2015 年上线了以太坊主网。

以太坊是一个通用的数字货币平台，以太坊建立应用的语言是一套图灵完备的脚本语言（Ethereum Virtual Machine Code，EVM 语言），采用多种编程语言实现协议，利用 Go 语言编写的客户端作为默认客户端。

智能合约是以太坊的核心目标，智能合约就相当于一个以太坊系统里的自动代理人。智能合约有自己的以太币地址，当用户向合约地址发送一笔交易后，合约就会被激活，合约会根据交易中的额外信息运行自身的代码，最后返回一个结果，并且这个结果很有可能就是从合约地址发出的另外一笔交易。这里需要注意的是，以太坊中交易既可以发送以太币也可以加入相当多的额外信息。在一笔交易中，发送给合约的信息是非常重要的，利用这些信息，合约能够完成自身的业务逻辑。从这一层面来说，引入智能合约在很大程度上推动了区块链 2.0 的发展。以太坊作为早期推动智能合约的区块链平台，被广大区块链社区所接受。将智能合约与友好的界面搭配起来，再加上一些额外的小支持，就能在合约的基础上帮助用户搭建多种多样的 DApp 应用，如此一来能够有效降低开发人员开发区块链应用的门槛。

以太坊的很多特征和技术对比特币用户来说是比较熟悉的，这是因为以太坊对这些特征和技术做了合并，并进行了一定程度的修整和创新，比特币区块链虽然只是一个关于交易的列表，但是以太坊的基础单元是账户。以太坊区块链对每个账户的状态进行跟踪，可以说以太坊区块链上全部的状态转换，都是账户之间价值和信息的转移。账户主要分为以下两类：

（1）外部账户，由私人密码控制。

（2）合约账户，由它们的合约编码控制，只能由外部账户"激活"。

大部分用户理解的这两类账户的区别表现为人类用户掌管外部账户，人类用户通过控制私钥来控制外部账户。内部编码管控合约账户，即便人类用户能控制合约账户也是因为程序的设定，通过设定相应的程序，合约账户被具有特定地址的外部账户所控制，这样一来再被持有私钥控制外部账户的人所控制。

以太坊具有相当快的迭代周期，这给依赖于以太坊特别是以太坊公网的商业应用带来了不利影响。区块链业界最大的众筹项目是去中心化自治组织（The Distributed Autonomous Organization，The DAO），这一项目在短时间内就募集了1.3亿美元的数字货币。2016年6月，因为 The DAO 编写的智能合约存在重大缺陷，使得运行在以太坊公有链上的 The DAO 智能合约轻易地遭遇了攻击，最终300多万以太币资产被分离出 The DAO 资产池。在黑客风波结束后，全部的以太币被解锁、返还，之后 The DAO 关闭，筹集的资金也退还给了众筹人，The DAO 自此解散。

那么以太坊和比特币相比有哪些不同呢？

从功能上说，比特币以及以太坊问世前的竞争币功能都非常简单，只能完成简单的转账交易。比特币系统虽然提供了一套脚本语言，可以对交易进行编程，但这套系统功能非常简单，无法处理复杂的业务逻辑。

以太坊最根本的改变就是对比特币脚本语言的改变，将比特币的脚本语言发展成一套"半图灵完备"的系统，所谓图灵完备，通俗地说就是以太坊的这套系统能够编程，可以实现任何业务功能，其中"半"，就是这套系统所能执行的计算步骤是有限的。以太坊的这套系统实现了信息技术上的一次重大飞跃，将"智能合约"由理论变为现实。关于"智能合约"，我们会在后面的章节中详细描述。

以太坊也发行了自己的数字货币"以太币"（ETH）。在以太坊上，每执行一个交易或者一个计算步骤，都需要消耗一定数量的以太币，所消耗的以太币被称为"燃料"（Gas）。

三、比特币和以太坊的运行机制

比特币开创了去中心化密码货币的先河。作为一种前所未有的新型货币，比特币经历了无数的市场考验和技术攻击，始终屹立不倒，这很好地检验了区块链技术的可行性和安全性。事实上，比特币的区块链是一套分布式的数据库，如果在其中加进一个符号——比特币，并规定一套协议使得这个符号可以在数据库上安全地转移，并且无须信任第三方，这些特征的组合完美地构造了一个货币传输体系——比特币网络。

比特币还存在很多的问题和不足，其中最明显的一点就是扩展性不足。在比特币网络里只有一种符号，那就是比特币，用户是没有办法自定义另外的符号的，如符号可以代表公司的股票，或者是债务凭证等，这样就损失了一些功能。此外，比特币协议里使用的脚本语言虽然具备灵活性的特点，能够实现很多功能，如多重签名等，但是这种脚本语言无法构建像去中心化交易所这样更高级的应用。这就为以太坊的发展提供了空间，解决比特币扩展性不足的问题。

上面着重介绍了比特币，接下来重点介绍以太坊的运行机制。从严格意义上来说，以太坊是一个"以太币"网络，它是为用户服务的，在用户搭建应用时，以太坊为用户提供模块。打个比方，搭建应用就像造房子一样，以太坊就如同提供砖墙、瓦砾、梁栋、地板等模块，用户需要把这些模块搭建起来。这样看来，在以太坊上建立应用是非常方便的，不仅能够降低成本还能提升速度。以太坊上搭建应用的语言是 EVM 语言，EVM 语言是图灵完备的脚本语言，与汇编语言相似。在以太坊里编程时，不会直接使用 EVM 语言，一般使用 C、Python、Lisp 等高级语言，然后利用编译器将这些语言转成 EVM 语言，类似于使用 C++、JAVA 等语言编程，最后被转换成汇编语言。

以太坊的核心是智能合约，合约存在于区块链上，是一段可以被触发执行的程序代码，按照某种规定的规则，这段代码可以实现在以太坊执行环境中的"自治代理"。存有合约代码的账户就是合约账户，合约账户有自己的以太币地址，激活合约的方式就是用户向合约的地址发送交易。当合约代码被激活后，会在完全自动的情况下被执行，最后返回一个结果，这个结果是从合约地址发出的另外一笔交易，整个过程通常瞬间完成。

合约所能提供的业务种类是多种多样的，没有边界限制，几乎你能想到的业务都能提供，这是因为以太坊使用的是图灵完备的脚本语言，语言的自由度是完整的，用户可以随意搭建各种应用。

和任何的区块链一样，以太坊包含了点对点的网络协议（这也是目前区块链网络速度较慢的原因）。以太坊区块链是被连接着网络的各个节点维护和更新的，网络中各个节点的虚拟机都执行相同的指令来共同维护区块数据库，因而以太坊有时候也被称为"分布式计算机"。

我们可以把区块链理解为全球共享的分布式事务性数据库，以太坊全网的大规模并行计算虽没有提升计算效率，但保证了全网的数据一致性。实际上，在以太网上的运算虽然要比传统的电脑慢得多，成本也昂贵得多，但全网中每一台虚拟机的运行确保了全网数据库的一致性。

第二节　区块链基本情况介绍

一、区块链的概念

区块链（Block Chain）来源于比特币，也是比特币的一个重要概念，应该说，区块链是比特币的底层技术。这里需要明确的是，区块链技术不是单一、全新的技术，它是现有多种技术整合的结果，如加密算法、P2P 文件传输等，将这些技术与数据库巧妙地结合在一起，形成了一种新的数据记录、传递、存储与呈现的方式。在中本聪的白皮书中首次提出了区块链的概念，并将第一个区块称为"创世区块"。

区块链的概念有狭义和广义之分，从狭义的角度讲，区块链是一种按照时间顺序将数据区块以顺序相连方式组合成的一种链式数据结构，并以密码学方式保证其成为不可篡改和不可伪造的分布式共享账本（Distributed Shared Ledger）。概括来讲就是，区块链是一种全民参与记账的方式。这就意味着在区块链系统中每个人都可以有机会参与记账。在一定时间段内，如果数据没有发生任何变化，这时系统中每个人都可以记账，系统会评判这段时间内记账最快最好的人，会把这个人记录的内容写入账本，然后再把这段时间内的账本内容发给系统内所有人进行备份，如此一来系统中的每个人都能拥有一本完整的账本。

从广义的角度讲，区块链是利用块链式数据结构来验证与存储数据的，利用分布式节点共识算法来生成和更新数据，利用密码学来保证数据传输和访问的安全，利用自动化脚本代码组成的智能合约来编程和操作数据等一种全新的分布式基础架构与计算范式。

如果单从数据的角度来分析，区块链相当于一种分布式数据库。具体分析"分布式"，我们就会发现一方面是指数据的分布式存储，另一方面是数据的分布式记录，概括来讲就是区块链能够实现全球数据信息的分布式记录和分布式存储。所谓的数据分布式记录指的是由系统的参与者集体记录，不依靠中心化的机构记录。所谓的数据分布式存储指的是数据可以存储在所有参与记录数据的节点中，而不是集中存储在一个中心化的机构节点中。无论是过去还是现在的数据库，不论是阿里巴巴、腾讯还是工商银行，都采用中心化的数据库。所有的系统里都会有一个数据库，这个数据库就相当于是一个大账本。现在的情况基本是这样的：是谁的系统就由谁来记账，如腾讯记录微信的账本，阿里巴巴记录淘宝的账本，工商银行记录工商银行的账本。

区块链还可以被解读成一种协议，这种协议类似于 HTTP、FTP 协议。学计算机的同仁都知道，目前互联网上应用最为广泛的一种网络协议就是超文本传输协议（HTTP，Hyper Text Transfer Protocol），所有的 www 文件都必须遵守这个标准。现在的互联网（Internet），都是基于 HTTP 构建起来的。同样的道理，如果区块链成为全世界使用的协议，将来可能会构造出下一代的新型互联网。

同时，区块链实现并建立了分布式信用体系，是现有互联网的升级，转变为从信息传递升级到价值传递。也就是说，我们过去的互联网和现在的互联网，实现的是信息传输，将来的区块链网络，不仅仅是传递信息，还能实现价值的传输和信用的传输。

在我国区块链作为一个全新的概念和理论正在发展之中，虽然在行业领域，如阿里巴巴、百度、腾讯、中国联通、平安科技、工商银行等已经布局区块链并且部分已经取得世界领先的成绩和地位，但是大众（甚至一些 IT 和互联网从业人员）对其认知、研究和实践的程度基本上都是才刚刚起步。要想在这一领域弯道超车，引领世界，还需要理论研究者、网络技术者、金融从业者，以及政府监管部门的积极投入和良性互动。

二、区块链的特点

区块链作为一个可以引领信任的机器，充分利用哈希算法、数字签名、时间戳、分布式共识和经济激励等手段，在节点无须互相信任的分布式系统中建立信用，使点对点的交易和协作成为可能，能够有效解决中心化机构普遍存在的高成本、低效率和数据存储不安全等问题。最近几年，国内外研究机构不断加大对区块链技术研究和应用的力度，各行各业都非常重视区块链的应用与开发，人们将区块链看作是继大型机、个人电脑、互联网、移动社交网络之后计算范式的第五次颠覆式创新，同时认为区块链是人类信用进化史上继血亲信用、贵金属信用、央行纸币信用之后的第四个里程碑。区块链技术还有望推动云计算的发展，对重塑人类社会获得形态也有着积极的作用，还能推动信息互联网向价值互联网过渡。

区块链具有明显的特点，如分布式、去中心化、可靠数据库、开源可编程、集体维护、安全可信、交易准匿名等，可由以下方式加以定义：第一，一个分布式的链接账本，每个账本就是一个区块；第二，基于分布式的共识算法来决定记账者；第三，账本内交易由密码学签名和哈希算法保证不可篡改；第四，账本按产生时间顺序链接，当前账本含有上一个账本的哈希值，账本间的链接保证不可篡改；第五，所有交易在账本中可追溯。

（一）分布式（去中心化）结构

区块链不同于传统的集中记账方式，区块链基于分布式的系统结构实现数据的存储、传输、验证等过程，区块链网络不受中心化的硬件或管理机构的约束。区块链的账本分散在网络中的每一个节点上，而不是存储在数据库中心，每一个节点都包含该账本的副本，同步更新全部节点的账本。在区块链的公有链中，所有参与节点的权利和义务是相等的，整个系统中所有节点共同维护系统中的数据，某一个节点停止工作不会给系统整体的运行造成影响。

（二）集体维护

区块链系统的数据存储方式是分布式的，这就说明所有的参与节点都可以拥有一份完整的数据库拷贝，当某一节点损坏或者失去时，整个系统的运作不会受到影响，所有具有记账功能的节点共同维护整个数据库。经过验证的信息会添加至区块链，能够实现永久存储，只要不同时控制住系统中超过 51% 的节点，修改单个节点上的数据是没有任何作用的。通过以上分析就可以得出这样的结论：越多的节点参与系统，数据库的安全性就越高。

（三）时序不可篡改

区块链存储数据的结构是带有时间戳的链式区块，时间戳为数据添加了时间元素，使得区块链存储的可追溯性和可验证性极强。不仅如此，区块链存储还使用了密码学算法和共识机制，能够有效确保区块链的不可篡改性，在一定程度上提升了区块链的数据稳定性和可靠性。

（四）开源可编程

区块链系统通常是开源的，代码透明度很高，公共链的数据和程序对所有人公开，任何人都可以通过接口查询系统中的数据。在区块链平台上还具有灵活的脚本代码系统，方便用户创建高级的智能合约、货币和去中心化应用。举例来说，以太坊平台提供图灵完备的脚本语言，用户可以使用这种语言来构建智能合约或交易类型。

（五）安全可信

区块链技术采用非对称密码学原理对交易进行签名，确保了交易的安全可信。区块链技术还使用了哈希算法，使得交易数据不会被轻易改动，同时利用了分布式系统各节点的工作量证明等共识算法，使得区块链技术的算力非常强大，足以抵抗破坏者的攻击，进一步保障了区块链中的区块以及区块内的交易数据不被篡改和伪造，所以说区块链技术的安全性很高。数学原理和程序算法的巧妙运用使得系统运作规则更加公开透明，不受第三方权威机构信用的制约，创设了一种信任的环境，有利于交易双方达成共识，自由安全地交换数据，从前交易注重的是对人的信任，现在转变为对机器的信任，人为的干预没有了用武之地。

（六）开放性

区块链具有开放性、信息高度透明性等特点，任何人都可以加入区块链，区块链只对交易各方的私有信息加密，每个节点上的数据都公开透明，每个节点都能看到最新的完整账本，针对账本上的每一次交易，都可以溯源查询。

（七）准匿名性

节点之间的交换不是无序进行的，而是遵循固定的算法，区块链数据交互不需要信任，区块链中的程序规则能够自行判断活动是否有效，这就使得交易对手不需要公开身份，也能获得对方的信任，有助于累积交易双方的信任。区块链系统确认身份时不需要传统的基于 PKI 第三方认证中心颁发数字证书，而是使用与用户公钥挂钩的地址来做用户标识。在全网节点运行共识算法建立网络中节点对全网状态的共识，有效地促成了节点间的信任。这样可以隐蔽用户的真实身份，只需要公开地址就可以，在区块链上进行交易，用户没必要公开真实身份，只涉及用户地址，使得交易具备准匿名性。

正是因为有以上特点，区块链才不同于传统集中记账方式，得到金融领域更多的关注，甚至引起了各个领域的相关机构和行业的浓厚兴趣。

三、区块链的类型

从根本上来说，区块链是一个去中心化的数据库。之所以区块链能成为比特币的底层技术，因为区块链是一串使用密码学方法相关联产生的数据块，数据块中包含了比特币网络交易的信息，有助于验证信息的有效性（防伪）和生成下一个区块。

（一）区块链的分类

区块链目前分为三类，公有区块链、联盟区块链与私有区块链，其中联盟链和私有链可以被认为是广义的私链。

1. 公有区块链（Public Block Chains）

公有区块链指的是世界上任何个体或者团体都可以发送交易，区块链能够有效确认交易，任何人都可以参与共识的过程。最早的区块链就是公有区块链，也是目前应用最广泛的。各大虚拟数字货币都是在公有区块链的基础上发展起来的。"加密数字经济"可以维护公有区块链的安全，这主要是因为"加密数字经济"使用工作量证明机制或权益证明机制等共识方式，经济奖励结合加密数字验证。

2. 联盟区块链（Consortium Block Chains）

联盟区块链有时也称为联合区块链或者行业区块链。联盟区块链的节点地位并不均等，一般来说由某个群体内部指定或通过预选的方式生成记账节点，所有预选节点共同决定块的生成。对于普通接入点来说，只能参与交易，不能参与记账过程，权限是很小的。换句话说，预选节点参与共识过程，其他节点本质上还是托管记账，联盟链虽然也是分布式记账，但并不像公有链那样"人人平等"，公众只能通过该区块链开放的 API 进行限定查询。

3. 私有区块链（Private Block Chains）

私有区块链记账时使用区块链的总账技术，公司可以，个人也可以，独享该区块链的写入权限。私有链在读取权限或者对外开放方面做了一定的限制。私有链并没有实现分布式记账或存储，不具有区块链去中心化的属性，所以业内也有很多人并不认为私有链是区块链。

这三类区块链的主要区别在于：公有链——对所有人开放，任何人都可以参与；联盟链——对特定的组织团体开放；私有链——对单独的个人或实体开放。

需要注意的是，联盟链不仅监管友好，还具备高性能、高可用、安全的特点。联盟链将是现阶段或者是未来相当长一段时间内，中国区块链产业发展的主力军，政府大力倡导的也是联盟链。

（二）公有链与私有链详解

部分学者认为联盟链介于公有链和私有链之间，从根本上来说仍属于私有链。现阶段，金融机构大多倾向联盟链，也有可能是过渡时期的状态。将联盟链看成是"部分去中心化"的区块链，虽然可以交易和查询，但人们没有权利进行记账，当需要发布智能合约时，联盟许可后才可以。

早期出现的区块链都是公有链，公有链是完全开放的区块链，任何人都可以参与系统的维护。早期的区块链具备以下特点：

（1）开源（Source）。由于整个系统的运作规则公开透明，这个系统是开源系统，通常源代码被托管在 github 网站。

（2）开放（Open）。读取和发送交易的权限向全世界所有人开放，任何人都能参与共识过程并且能有效地确认交易，共识过程决定哪个区块可被添加到区块链中并明确当前状态。

（3）匿名（Anonymity）。由于节点之间无须信任彼此，所有节点也无须公开身份，系统中每一个节点的匿名和隐私都受到保护。

私有链或联盟链在开放程度和去中心化程度方面有所限制，不同的节点可以被赋予不同的权限，而且权限高低可能是悬殊的，并不像公有链那样一切讲究平等和透明。

我们将着重介绍公有链和私有链，为了方便表述，本章后面所述的联盟链划归到私有链之列。

1. 公有链

区块链中的公有链在任何节点都能参与共识过程，其中共识过程决定哪个区块可被添加到区块链中并明确当前状态。人们认为公有链是"完全去中心化"的。

（1）公有链的特点。

①具有极低的访问门槛。只要一台接入网络的计算机就可以访问公有链。每个公有链一般都会推出一些工具软件，用户安装软件后便可以快速便捷地访问公有链。

②所有数据默认公开。通常情况下，关联的参与者都会隐藏自己的真实身份，这在公有链中是非常普遍存在的。典型的公有链如比特币网络就是完全透明公开的，每一个人都能通过比特币区块浏览器（Bitcoin Block Explorer）看到历史上以及正在发生的每一笔交易。

③保护用户免受开发者的影响。公有链中的程序开发者不能干涉用户，如比特币网络的发明人也无法干涉或控制比特币用户。

（2）公有链的应用。公有链包括比特币、以太坊、莱特币和几乎所有山寨币，其中公有链的始祖是比特币区块链。

举"以太坊"的例子来进行具体分析，以太坊是一个全新开放的区块链平台，任何人都可以在平台中建立和使用通过区块链技术运行的去中心化应用。以太坊与比特币相似的地方是不受任何人控制，也不归任何人所有。与比特币不同的地方是以太坊作为可编程的区块链，更像是一台台分布式计算机，允许用户按照自己的意愿创建复杂的操作。以太坊也可被理解为分布式操作系统，以太币仅仅是其中的一小部分。以太坊支持多种语言编程，所以具有无限的应用可能，就像我们手机上的各类应用软件，通过编程构建出包罗万象的世界。点与点之间进行直接自动交互或多节点协调活动的应用可以使用以太坊。

以太坊不仅应用于金融领域，也影响其他对信任、安全和持久性要求较高的应用场景，如资产注册、投票、管理和物联网等。

2. 私有链

所谓的私有链指的是写入权限只在一个组织手里的区块链，会在一定程度上限制读取权限和对外开放权限。

（1）私有链的特点。

①交易速度非常快。私有链的交易速度在所有的区块链交易中是最快的，快要赶上常规数据库的速度了（常规数据库即传统数据库，是相对于区块链的分布式数据库而言的）。因为私有链记账和确认只需要在少数节点上进行，相对于公有链的共识确认需要众多节点而言，极大地提升了效率。

②隐私保障更好。因为私有链只有少数已经授权的节点会拥有完整的权限，这些节点可能就是主管领导或者单位，其余节点和面向公众的查询访问会被严格设定。这便可以胜任隐私保护要求更高的场景。

③交易成本大幅降低甚至为零。私有链的交易只需要几个权限高的节点确认即可，其交易成本与公有链相比极低。在虚拟数字货币交易所，比特币的转账手续费通常是 0.2%，这个费用包含了交易所的利润。实际上每笔比特币交易确实是需要支付给矿工手续费的，如价值 5 美元的比特币交易与价值 5000 美元的比特币交易需要支付给矿工的手续费可能是相同的。

④有助于保护其基本的产品不被破坏。私有链与传统金融机构的管理和运营模式非常类似，更加容易被相关行业人士接受，这也保证了传统金融机构可以继续拥有既有产品的稳定。如此就不难理解为什么银行和政府可以做到欣然接受私有链或联盟链。

公有链讲究透明、公平和平等，是以比特币为代表的新型非国家性质的货币技术手段，威胁了核心利润流，破坏了核心利润组织，这就造成一些实体机构会不惜一切代价拒绝。

（2）私有链的应用。

2015 年 12 月，Linux 基金会主导发起了超级账本项目（Hyperledge Project），这项开源项目的宗旨是推动区块链跨行业的应用，主要由金融、物联网、供应链、制造和科技行业的领头羊构成。

2016 年 4 月，R3 联盟推出了 Corda 项目，这是一个分布式金融解决方案，服务对象主要是银行业。通过区块链平台 Corda，能够管理和同步各个组织机构之间的协议。

之前，我们已经论述了公有链和私有链的相关知识，针对各自的定义、特点、应用和发展进行了详细分析。私有链（联盟链）不仅能够有效解决传统金融机构存在的问题，如效率、安全和欺诈等，还能给许多金融企业提供公有链无法解决的解决方案。私有链（联盟链）还可以保障入网者遵守规章制度。

公有链、私有链、联盟链都是区块链技术的一个细分，技术仅仅是一种工具，如何在不同的场景应用好不同的工具才是技术进步的关键所在。

四、区块链的核心技术

（一）密码技术

区块链密码技术是对密码学技术在区块链中应用的统称，密码学技术作为区块链的基石，是区块链核心技术点，区块链主要用到的密码学技术有哈希算法、加密算法、数字签名、同态加密、零知识证明等。

1. 哈希算法

哈希算法（Hash 算法）又称散列算法，是信息技术领域非常基础也非常重要的技术。其能将任意长度的二进制值（明文）映射为较短的固定长度的二进制值（Hash 值），是一种单向密码体制，即哈希算法是一个从明文到密文不可逆的映射，只有加密过程，没有解密过程。哈希函数的单向和输出数据长度固定的特征使哈希函数可以生成消息或者数据。以比特币区块链为代表，其中工作量证明和密钥编码过程中多次使用了哈希算法，这种方式带来的好处是增加了工作量或者在不清楚协议的情况下增加破解难度。

2. 加密算法

加密算法包括对称性加密和非对称性加密两个概念，区块链系统里一般广泛应用的是非对称加密。

所谓的对称加密（Symmetric Cryptography）指的是采用单钥密码系统的加密方法，利用加密算法对密钥的明文进行运算得到密文，将同样的密钥作为解密算法的输入，对密文进行解密，从而得到原文。因此，对称加密又被叫作密钥加密。

所谓的非对称加密（Asymmetric Cryptography）属于密码学的算法，这种加密方式需要两个密钥，分别是公开密钥和私有密钥。公钥可以任意对外发布，用户需要自行严格秘密保管私钥，私钥不能透露给任何人，包括要通信的另一方，即使你信任对方。公钥与私钥是一对，当用公钥对数据进行了加密，解密时则需要用对应的私钥；当用私钥对数据进行了加密，解密时则需要用对应的公钥。加密和解密需要使用不同的密钥，因此这种算法才被称为非对称加密算法。

对称加密具有加解密速度快、效率高、算法简单、系统开销小、适合加密大量数据等特点。非对称加密则具有以下优势：加密和解密能力分开，私钥不能由公钥推导出来；多个用户加密的消息只能由一个用户解读（用于公共网络中实现保密通信）；一个用户加密消息多个用户可以解读（数字签名）；无须事先分配密钥；密钥持有量大大减少。

3. 数字算法

数字签名指的是附加在数据单元上的一些数据，或是对数据单元所做的密码变换。数据单元的接收者利用数据或变换能够确认数据单元的来源、数据单元的完整性，在一定程度上还能保护数据，避免数据被人伪造。数字签名主要针对电子形式的消息进行签名，信息的发送者能够生成一段数字串，这是别人无法伪造的。另外，利用这段数字串还能证明信息发送者发送信息的真实性。

4. 同态加密

所谓的同态加密（Homomorphic Encryption）指的是一种不需要对加密数据进行提前解密就可以执行计算的方法。利用同态加密技术在区块链上加密数据，不会对区块链属性造成任何重大的改变。也就是说，区块链虽然仍旧是公有区块链，但是区块链上的数据将会被加密，解决了公有区块链的隐私问题，实现了与私有区块链一样的隐私效果。

同态加密技术不仅为用户提供了隐私保护，还允许用户随时访问公有区块链上的加密数据用于审计及其他活动。使用同态加密在公有区块链上存储数据将能够同时提供公有区块链和私有区块链最好的部分。例如，使用同态加密的以太坊智能合约能够提供相似的特点和更强的掌控，同时完整地保留以太坊的优点。

人们使用同态加密技术对密文进行特定的代数运算，得到的结果仍然是加密的，解封密文得到的结果与对明文进行直接运算得到的结果是一样的。

5. 零知识证明

零知识证明（Zero-Knowledge Proof）指的是证明者能够在不向验证者提供任何有用信息的情况下，使验证者相信某个论断是正确的。从根本上讲，零知识证明是一种涉及两方或更多方的协议，也就是说两方或更多方完成一项任务所需采取的一系列步骤。证明者向验证者证明并使其相信自己知道或拥有某一消息，在证明的过程中，证明者不可以向验证者透露任何关于被证明消息的信息。实践表明，零知识证明在密码学中有着重要的意义。在验证时使用零知识证明能够轻松解决诸多问题。

零知识证明工作高效，计算过程量小，双方交换信息少。在使用零知识证明的时候，不会降低区块链系统的安全性。利用零知识证明，可以简单归纳，既安全、有良好的隐私，又减少计算量。

零知识证明的一般过程是假设有两方人，甲方是证明者，乙方是验证者。他们在一个工作环境内有相同的函数和数值。

（1）甲方先发送满足条件的随机值给乙方，这个行为被称为承诺。

（2）乙方发送满足条件的随机值给甲方，这个行为被称为挑战。

（3）甲方执行一个不让乙方知道的计算，并把计算结果给乙方，这个行为被称为响应。

（4）乙方对响应进行验证，验证失败就退出，验证成功回到（1），然后继续顺序执行 n 次。

（5）如果每一次乙方验证都是成功的，那么乙方就相信了和甲方之间的共识。在整个过程中没有透露任何相关秘密信息。

零知识认证需要满足 3 个属性：假如语句为 True（编程语言逻辑用词，下同），验证者遵守协议，那么将由诚实的证明者确信这个 True；假如语句为 False，那么不排除有欺骗者可以说服验证者是 True 的概率；假如语句为 True，证明者主要是让验证者相信自己，在证明时，不能向验证者透露相关证明的消息和内容。

（二）分布式存储

将数据分散存储在多台独立的设备上，这就是分布式存储的定义。在传统的网络存储系统中，常常使用集中的存储服务器来存放数据，性能、可靠性和安全性方面存在不足，不能满足大规模存储的需求。分布式网络存储系统的结构是可扩展的，通过多台存储服务器来分担存储负荷，具有重要的意义。分布式存储一方面使得系统具备更高的可靠性、可用性和存取效率，另一方面还有助于系统扩展。分布式存储具有以下 6 个特点：

1. 数据透明

（1）分片透明性。分布式存储技术对数据的操作是在全局关系上进行的，用户可以不考虑数据是如何分片的，只需关注如何分片对用户是透明的，所以当分片改变时，应用程序可以不变。分片透明性可以说是最高级别的透明性，当用户在全局关系进行一级操作时，不用考虑数据怎样分布、怎样存储，其应用程序的编写与集中式数据库相同。

（2）复制透明性。系统会自动更新被复制的数据，用户不必操心数据库在网络中各个节点的复制情况。分布式数据库系统可以把一个场地的数据复制到其他场地存放，应用程序可以使用复制到本地的数据，这样在本地就能实现分布式操作，不需要利用网络传输数据，在一定程度上提升了系统运行和查询的效率。

（3）位置透明性。用户不需要知道自己操作的数据放在何处，也就是说数据分配到哪个或哪些站点存储对用户是透明的。所以，即使数据分片模式改变，也不需要改写应用程序。

（4）逻辑透明性（局部映像透明性）。用户不需要关注局部数据库管理系统（Data Base Management System）支持哪种数据模型、使用哪种数据操纵语言，因为系统负责数据模型和操纵语言的转换。因此，局部映像透明性对异构型和同构异质的分布式数据库系统是非常重要的。

2. 高性能

一般来说，分布式存储性能越高，管理读缓存和写缓存的效率也就越高，同时高性能的分布式存储还能支持自动的分级存储。分布式存储为了提高系统响应速度，将热点区域内数据映射到高速存储中，当这些区域不再是热点时，存储系统就会将其移出高速存储。写缓存技术与高速存储巧妙配合，能够改变整体存储的性能。写缓存技术利用一定的策略，将数据写入高速存储中，选择合适的时间同步落盘。分布式存储提供的聚合 IOPS 和吞吐量是传统存储的数倍。另外，可以随着存储节点的扩容线性增长，专用的元数据模块可以提供非常快速、精准的数据检索和定位，满足前端业务快速响应的需求。

3. 支持分级存储

分布式存储通过网络耦合连接，分别支持部署高速存储和低速存储，或者将高速和低速混合起来进行部署。分层存储比较适用于不可预测的业务环境或者敏捷应用情况。分级部署可以弥补目前缓存分层存储在性能池连续读取不到的情况下，从冷池提取数据的粒度太大，导致延迟高，给整体性能造成抖动的不足。

4. 多副本的一致性

为了确保数据的可靠性，传统的存储架构通常使用磁盘阵列模式，分布式存储则使用多副本备份机制。具体来讲就是，在存储数据之前分布式存储对数据进行分片，按照一定的规则，将分片后的数据保存在集群节点上。分布式存储采用一个副本写入、多个副本读取的强一致性技术来确保多个数据副本之间的一致性，为了满足用户对不同可靠性的需求，分布式存储会采用镜像、条带、分布式校验等方式。如果出现读取数据失败的情况，系统可以从其他副本读取数据，重新写入该副本恢复，通过这种方式使副本的数量保持在固定状态。此外，使用者可设定数据恢复的带宽规则，避免影响到业务。

5. 弹性扩展

分布式存储系统可以进行无缝动态横向扩展，任何一个存储节点的上线和下线，都不会影响前端的业务，完全是透明的，一旦系统扩充了新的存储节点，就可以选择自动负载均衡，把所有数据的压力均匀分配在各存储节点上，使分布式架构更加科学合理，对分布式存储进行预估、计算弹性扩展等。

分布式存储的水平扩展有以下三个特性：第一，节点扩展后，旧数据会自动迁移到新节点，能够达到负载均衡，不会出现单点过热的情况；第二，水平扩展仅需要将新节点和原有集群连接到同一网络，水平扩展的过程不会影响整个业务；第三，在集群内添加节点能带来积极影响，使得集群系统的整体容量和性能也随之线性扩展，然后管理平台接管新节点的资源，将之分配或回收。

6. 可靠性高

可以把每个节点看成是一块硬盘，在节点设备之间，存在着专门的数据保护策略，帮助系统实现设备级冗余，通过在线方式即可更换损坏的硬盘或节点设备。整个系统无任何单点故障，数据安全和业务连续性得到保障。分布式的区域链存储相较于传统数据存储在安全性、可靠性方面具有以下优势：

（1）可靠性更高。区块链存储利用先进的冗余编码模式，将数据存储到全球上千万个节点上，解决了单点故障带来的问题。就拿硬盘故障来说，区块链存储的可靠性就比云存储高 10^4 倍。

（2）服务的可用性更高。为了提高服务的可用性，区块链存储采用了将负载分散到各地节点上的方式。区块链存储的服务可用性是云存储的 10^8 倍。

（3）成本更低。区块链存储成本是比较低的，这主要是因为区块链技术能够很好地解决去除数据重复率的问题，通过数据去重能将成本降低 80%~90%。此外，区块链存储还能使数据冗余率降低，以此来降低成本。同时，建设存储节点的成本也降低。区块链建设节点一般使用边缘节点架构模式，这一模式对硬件的需求度不高，相比搭建中心化数据存储中心，建设节点的成本要低得多。

（4）异地容灾性更强。传统中心化存储的最高级别的容灾是"两地三中心"布局，这就使得很多大型企业、机构的容灾率比较低，同时建设成本也比较高。区块链存储表现为"千地万中心"，有效提升了容灾级别，使得容灾能力成为区块链存储的标配。

（三）共识机制

通过特殊节点的投票，在比较短的时间内，完成对交易的验证和确认，这就是共识机制。在区块链系统中，多个节点通过异步通信的方式，组成网络的集群，在节点之间进行状态复制，以此来保证主机达成一致状态共识，这就要求区块链必须解决分布式场景下各节点达成一致性的问题。共识算法在区块链系统中发挥着重要的作用，能有效保证系统中不同节点数据在不同程度下的一致性和正确性。根据区块链类型的不同划分，共识算法主要可以分为两大类。一是用于公有链场景的共识算法，主要包括工作量证明（PoW）算法、股权证明（PoS）算法和委托权益证明（DPoS）算法。例如，比特币采用通过求解 Hash 256 数学难题的方式，即工作量证明算法，保证账本数据在全网中形成正确、一致的共识。二是用于联盟链场景的共识算法，主要包括拜占庭容错算法的实用拜占庭容错算法（PBFT）和授权拜占庭容错算法（DBFT）等，除此之外还有一些其他共识机制，如 Paxos 算法、RAFT 算法、PoB 算法、PoC 算法等。

（四）智能合约

智能合约指的是一种旨在以信息化方式传播、验证或执行合同的计算机协议。在没有第三方的情况下，智能合约也支持可信交易，这些交易虽然是可追踪的，但是不能逆转。在区块链 2.0 阶段，智能合约开始应用在区块链上面，该阶段中参与节点在资产交易时，通过触发执行智能合约程序，使得传统合约能够进行自动化处理。智能合约的引入使区块链应用更具便捷性和拓展性，其优势主要有：

1. 去中心化信任

区块链技术的发展为互联网及其衍生行业增加了信任条件，智能合约是区块链的关键技术，不需要中心化的权威来仲裁合约是否按规定执行，计算机会监督和仲裁合约。再加上智能合约是基于区块链的，保证了合约内容的公开透明性，合约内容也无法改动，代码即法律（Code is law），基于对代码的信任，交易者在不信任的环境下也能安心、安全地交易。

2. 无须第三方仲裁

与智能合约的去中心化信任相同，智能合约在任何情况下都不会在执行协议上表现出偏见或主观性，在传统合同中扮演重要角色的"第三方"将不再具有价值。

3. 安全高效

智能合约开始工作时，合约上的数据是通过区块链和网络中的其他来源即时提供，它在执行的过程中不需要人为干预的第三方权威或中心化代理服务参与，也不需要任何时间来验证和处理信息，有效地提高用户交易的效率。基于区块链技术的不可篡改性，智能合约的所有条款和执行过程都是完全安全和防篡改的，同时又高效地为审计人员提供原始数据、未经更改和不可否认的数据版本，与传统的纸质合同相比，简化了审计和法规事务。

4. 精度高

在密码学和区块链技术的铺垫下，智能合约的所有条款和执行过程都基于计算机代码和预定义内容，并在计算机的绝对控制下完成交易。在交易的过程中不存在人为或主观错误，所有的执行结果都是准确无误的。

5. 经济性能好

在没有主观错误的状态下，智能合约相比于传统纸质合同，在很大程度上降低合约履行、裁决和强制执行过程中需多方沟通所产生的成本。不仅如此，智能合约是一种电子合同，能够有效降低企业费用成本、邮寄成本、管理成本以及空间成本。

（五）安全技术

区块链安全技术不只关注信息保密问题，还同时涉及信息完整性验证、信息发布的不可抵赖性，以及在分布式计算中产生的，来源于内部和外部攻击的所有信息安全问题。区块链安全技术是对已有的密码算法理论的综合应用，以保证信息安全。消息认证码和数字签名技术通过对消息的摘要进行加密，可用于消息防篡改和身份证明问题；数字证书机制技术通过数字的手段保证加密过程是一个不可逆的过程，防止公钥在分发过程中被恶意篡改的问题；公开密钥基础建设（Public Key Infrastructure，PKI）体系解决证书生命周期相关的认证和管理问题，在现代密码学应用领域处于十分基础和重要的地位，在超级账本之分布式分类账（Hyperledger Fabric）区块链系统中，就是用 PKI 体系来对证书进行管理的；布隆过滤器通过哈希的高效查找结构，能够快速（常数时间内）判断"某个元素是否在一个集合内"的问题。

第三节　区块链的工作原理

比特币区块链是一个分布式的 P2P 网络，网络中的矿工通过挖矿来完成创建区块、交易记账过程，维护网络的正常运行。

区块链 PoW 机制意味着，每一个新区块的形成，即所谓的"挖矿"，需要每个节点花费大量的算力、成本，而且随着后面难度的增加，对于算力的要求只会越来越高，对于每个节点而言所需要的成本也越来越大。显然，如果没有任何奖励，单一节点不会做这样一件花费成本、毫无利益可言的慈善。为了鼓励节点对区块链体系带来贡献，区块链给每一个维护体系做出贡献的节点（即矿工），给予两方面的奖励：一是，获得一定数量的比特币；二是，包含在该区块中所有交易记录的交易费。

通过分析可以得出这样的判断，如果比特币的价值为 0，区块的交易费也为 0，可以想到，区块链的整个体系将会瞬间崩溃，这是因为维护成本高昂，使得矿工们没有利益可得。从另一个角度来分析，如果不考虑交易的佣金，从理论上来说，比特币的价值等同于挖矿的平均成本，也就是说用找到新区块的平均成本除以找到这个新区块所带来新比特币的数量。

一、交易

交易是完成比特币功能的核心概念。交易是签过名的数据结构，多个交易可组成一个区块（Block），这些区块会在区块链网络中传播，一个区块会引用上一个区块，区块链就是由区块用某种方式组织起来的链条（Chain）。区块链包括成千上万个区块，一个区块内又包含一个或多个交易，上下关联的交易组成一个交易链，一个交易链内部可能又包含了多个交易。

（一）基本交易过程

一条交易可能包括如下信息：

（1）付款人地址：合法的地址，公钥经过 SHA256 和 RIPEMD160 两次 Hash，得到 160 位 Hash 串。

（2）付款人对交易的签字确认：确保交易内容不被篡改。

（3）付款人资金的来源交易 ID：哪个交易的输出作为本次交易的输入。

（4）交易的金额：多少钱，与输入的差额为交易的服务费。

（5）收款人地址：合法的地址。

（6）收款人的公钥：收款人的公钥。

（7）时间戳：交易何时能生效。

网络中节点收到交易信息后，将进行如下检查。

（1）交易是否已经处理过。

（2）交易是否合法，包括地址是否合法、发起交易者是否是输入地址的合法拥有者、是否是 UTXO。

（3）交易的输入之和是否大于输出之和。

如果检查都通过，则将交易标记为合法的未确认交易，并在网络内进行广播。

一个典型交易记录流程如下：

（1）当 A 和 B 发生交易时，该笔交易记录将以一个"待确认"的状态保存在交易池（Transaction Pool）中，同时告知该笔交易将支付给矿工多少手续费。

（2）矿工从上述的交易池中，根据交易记录的大小（Size）、交易的手续费等因素，选择出自己偏好的交易记录（也就意味着，如果一笔交易的 Size 太小、手续费过低，可能会导致该笔交易长时间处于"待确认"的状态），通过哈希函数形成 Merkle 根，包含在接下来要计算的哈希函数方程式里。

（3）基于 Merkle 根和其他变量，矿工通过算力来寻找随机数 Nonce，计算新区块的哈希值，使其小于或等于目标哈希值。

（4）如果该矿工第一个找到了一个随机数 Nonce 满足前述条件，那么其产生的新区块将有"极大概率"被加入主链。

（5）如果该区块被加入主链，包含在这个区块的所有交易才会被确认，即交易完成。

（6）最后矿工获得新区块带来的比特币奖励，同时获得新区块中所有交易记录支付的手续费。

显然，矿工可以选择在区块中不包含任何交易，选择把一部分交易加入区块中，其动力主要来自交易带来的手续费，其成本则来自选择交易花费的时间，加入这些交易的 Merkle 根后对哈希函数计算的影响等。不包含其他交易的区块称为 Empty Block。其实，Empty Block 并非完全没有交易记录，包含一个交易，那就是 Coinbase Transaction。Coinbase Transaction 是比特币交易中最为特殊的交易类型，指的是矿工挖矿，从而获得新比特币奖励的交易（区别于买方和卖方之间的比特币交易），类似于央行增发货币的过程。

新交易完成后，用户需要将新交易记录写到比特币区块链网络中，网络会对此进行确认，之后才算交易的完成。每一笔交易都包括一些输入和一些输出，没有被使用的交易输出（Unspent Transaction Outputs，UTXO）可以被新的交易引用作为合法的输入，已经被使用的交易输出（Spent Transaction Outputs，STO）则无法被引用作为合法输入。

一笔合法的交易，就是引用某些已存在交易的 UTXO 作为交易的输入，然后生成新的输出过程。在交易过程中，为了证明自己是 UTXO 的合法使用者，转账方需要进行签名，指定输出脚本，通过这种方式来限制未来本交易的使用者。转账方需要签名确认每一笔交易，每一笔交易的总输入必须大于或等于总输出。可以把总输入超出总输出的部分称为交易费用（Transaction Fee），生成包含该交易区块的矿工获得这笔收益。现在按照规定，每笔交易的交易费用不能小于 0.0001BTC，交易费用越高，越多的矿工愿意包含该交易，被放到网络中的时间也就越早。交易费用不仅可以奖励矿工，还能避免网络受到大量攻击。

交易中金额的最小单位是"聪"，即一亿分之一比特币。

（二）比特币地址

比特币地址主要由数字和字母组成，显示为一个字符串，可以分享给任何想给你比特币的人。一般来说，由公钥生成的比特币地址以数字"1"开头，公钥也是由数字和字母组成的字符串。

通常情况下，比特币地址在交易过程中出现的形式是收款方。打个比方，比特币交易就像一张支票，收款人就是比特币地址，在"收款人"一栏写入比特币地址。支票的收款人可能是某个银行账户，也可能是公司、机构或者现金支票。支票不需要指定一个特定的账户，收款人可以是一个普通的名字，因此支票这种支付工具灵活性很高。正因为比特币地址的使用，也使得比特币交易具有很大的灵活性，比特币地址可以代表一对公钥和私钥的所有者，也可以代表其他东西。

公钥经过单向的 Hash 函数生成了比特币地址，经过"Base 58 Check"编码的比特币地址是最常见的，这种比特币地址是由 58 个字符和校检码编码组成的，不仅提高了可读性、避免了歧义，还能防止在地址转录和输入中产生错误。在比特币的其他地方，为了提升可读性和录入的正确性，也能使用到 Base 58 Check 编码，如在私钥、加密的密钥和脚本 Hash。

（三）交易的本质

交易实质上就是包含一组输入列表和输出列表的数据结构，也可称为转账记录，其中就包括了交易金额、来源和收款人等信息。

比特币区块链中，一个交易的输入是对其他交易输出的引用，通常列有多个输入。所有被引用的输出值相加，得出的总和值会在该交易 A 的输出中用到。

二、挖矿原理

挖矿是对确定新区块并获取比特币等数字货币运算过程的昵称，比特币的挖矿是基于 P2P 对等网络、数字签名来发起和验证交易的。由于其工作原理与开采矿物十分相似，因而得名。

从数学的角度来讲，挖矿其实是求解满足如下含哈希函数不等式的 Nonce 值。

$$\text{New Block} = \text{SHA256}(\text{PrevBlock}, \text{MerkleRoot}, \text{Nonce}, \text{Time Stamp}) \leqslant \text{Target}$$

其中 New Block 是新区块的哈希值，计算这个哈希值的函数是 Hash256。哈希函数的变量包括时间戳（Time Stamp）、当前交易数据的 Merkle 根（Merkle Root）、上一个区块的哈希值（PrevBlock）以及随机数（Nonce）等。

在上述公式中，除了 Nonce 以外，其他的参数都是已知或者可以通过简单计算得到的。哈希映射运算通常被设计成不能逆向计算的，唯一的求解办法就是去暴力破解。在比特币的世界里，挖矿即寻找新区块，实质是通过随机碰撞找到随机数 Nonce，使得区块 N 的哈希值 New Block 小于或等于目标哈希值。Nonce 随机数通常都不会相同，它以严格的线性方式在增长，从 0 开始，每次执行哈希时都会增长，当 Nonce 溢出时（此事经常发生），挖矿交易的 extrance 项就会增长，改变 Merkle 树的根节点。由于哈希函数的特性，使得找到这样的随机数只能靠穷举的方式进行，因而谁的计算能力越快、谁的算力越强，理论上就能越快找到随机数，越快解决此数学问题，越快发现新的区块。

所有尚未确认的交易都会被比特币节点所收集，比特币节点将其归集到一个数据块中，这个数据块将和前面一个数据块集成在一起。对于矿工节点来说，会附加一个随机调整数，对前一个数据块的 SHA256 Hash 运算值进行计算，不断重复尝试挖矿节点，直到它找到的随机调整数使得产生的 Hash 值低于某个特定的目标为止。Hash 运算是不可逆的，这就使得寻找到符合要求的随机调整数困难重重，需要一个可以预计总次数不断试错的过程。工作量证明机制在此时就有了用武之地，如果一个节点找到了符合要求的解，这时它就可以向全网广播自己的结果。对于这个新解出来的数据块，其他节点可以对其进行接收并验证其是否符合规则。验证的方式是计算 Hash 值，只要证明新解出来的数据块满足要求，那么这个数据块就是有效的，其他节点接收这个数据块就没有问题，可以将其附加在自己的链条上。

三、挖矿难度调整机制

挖矿难度 Difficulty 是对挖矿困难程度的度量，即指计算符合给定目标 Hash 值的困难程度。挖矿过程本质是在寻找一个随机数 Nonce，使得如下的不等式得以满足：

$$New\ Block \leq Target$$

其中，New Block=SHA256（PrevBlock，MerkleRoot，Nonce，Time Stamp）;

$$Target=f（Difficulty）=Target\ Max/Difficulty$$

Target Max=0x00000000FFFF0000000000000000000000000000000000000000000000000000
（十六进制）。

上述公式表明，由于 Target Max 是一个预先给定的常量，因此目标哈希 Target 与 Difficulty 成反比，Difficulty 越大，Target 越小。决定 Difficulty 值的计算公式是：

$$New\ Difficulty = Old\ Difficulty \times (1209600/T_{2016})$$

其中，T_{2016} 是实际环境下产生 2016 个区块的时间总和（秒），1209600 是 10 分钟的秒数，按照比特币的标准"平均每 10 分钟出一个区块"产生 2016 个块所需要的时间（2016×10×60=1209600 秒）。

比特币创世的时候，Difficulty 设定为 1，此后一直根据全网算力动态调整 Difficulty。区块的难度值在每产生 2016 个区块就会自动更新一次（大约两周的时间），更新的目的是保证每产生一个新的区块平均需要花费 10 分钟，这一机制是通过上述方程实现的。如果产生 2016 个区块实际总用时小于 20160 分钟（即每个区块平均用时小于 10 分钟），则 New Difficulty > Old Difficulty，新的难度值将大于旧的难度值，难度值的增大将对计算机的算力产生更高的要求，从而增加平均用时，朝着 10 分钟趋近；反之亦然。

与 Target Max 相比较，满足要求的 New Block 值最终也会是一个含有多个前导零的 64 位十六进制字符串。显然，当全网算力越大，意味着挖矿难度 Difficulty 越大，Target 也就越小，某种意义上意味着前导零更多（设想，要小于有 2 个前导 0 的 Target "00100"，简单粗暴的方法是找到拥有更多前导 0 的数即可，如有 3 个前导 0 的 "00011"）。

举例来说，如果平均产生一个区块用时 9 分钟，则产生前 2016 个区块实际用时 18144 分钟，那么 20160/18144=1.11，则意味着

$$New\ Difficulty = Old\ Difficulty \times 1.11$$

即新的难度值是旧的难度值的 1.11 倍，难度增加，使得矿工产生新区块所需花费的时间变长，并向 10 分钟 / 区块趋近。

在已知新的难度值 Difficulty 后，即可通过上述公式计算出目标哈希值 Target，从而确定下一个区块计算应该满足的条件。

10 分钟这个数字是比特币设计者在区块确认时间（Confirmation Times）和网络安全性（Network Security）之间权衡的结果。事实上，无论是把时间设定在 1 分钟、10 分钟或者其他任意时间，并没有绝对标准或对错，每一个新区块产生

的时间是会变化的，并非严格的10分钟。当产生新的区块后，该区块需要在网络中进行传播（Propagate），并让所有的节点对该区块进行验证，如果传播速度不够快，该区块将变成孤块（Orphaned Block），孤块意味着产生这部分区块的算力被浪费，并降低了整个系统网络的安全性。目前，10分钟产生一个区块的设定大约有1%的孤块比例，也就意味着有1%的算力被浪费且没有提升网络安全性。随着区块的变大，传播速度上升，孤块比例也将得到上升。

矿工们通过在"待确认"的交易池中，选择一些自己偏好的交易到哈希函数方程式中，在相应Difficulty的条件下，通过穷举的方式找到随机数Nonce，使得新区块的哈希值小于或等于目标哈希值Target。只有矿工找到该区块，且得到全网节点的验证无误后，该区块才能被加到主链，所包含的交易才能被确认。

四、传播机制

在区块链中，为了避免节点重复接受已经从其他节点收到的相同信息，节点之间并不直接传递区块的信息。在交易和区块的信息得到完全认证后（Completely Verified），节点将会向附近的节点发送一个inv的消息，inv消息中包含已经被发送者（sender）接收并验证过的"交易记录的哈希"以及"区块哈希"。接收者（Receiver）收到inv消息后，如果他还尚未从其他节点收到过相同的信息，他会发送一个get data消息给发送者，要求得到交易记录及区块哈希包含的具体信息。此时，区块和交易记录的信息才会进行整体传递。广播机制流程如下：

（1）节点A收到一个区块，对其进行验证并广播给附近的区块。

（2）节点B收到inv消息后，如果它之前没有接收过这个区块，则向节点A发送一个get data消息。

（3）节点A收到get data消息后，就会把区块和交际记录的具体信息发送给节点B。

需要注意的是，节点产生出新区块后，并不能同时向网络中的所有节点进行广播，只能向附近、建立连接的节点进行广播。也就是说，如果节点A和节点C一开始根本就没有建立并维持连接，那么A在找到新区块后，是不会直接广播到C的。每一个节点总是试图与至少P个其他节点维持连接，如果这个连接的数量低于P，那么节点就会从它已知的地址中随机选择地址并试图与其建立连接。另外，如果连接的数量超过 *P*，后续来自其他节点的连接请求一般也并不会被拒绝。目前，在比特币区块链中，平均每个节点有 32 个开放的连接，这超过了比特币协议中默认数量（*P*=8）。

新产生的区块要被区块链的网络所接受，必须要被至少 50% 的节点认证并接受，认证并接受的过程，其实就是其他节点对新区块进行哈希的过程，这个过程是需要花费时间的，只有当新区块加入父区块且在此基础上继续产生 6 个区块后，才认为该新区块是在主链上的。

某一时刻，节点 A 和节点 B 可能同时发现了新区块 X 和 Y，那么究竟 X 和 Y 哪一个区块能被加入主链，由谁决定？这种情况的确是会发生的，此时面临的其实是两个相互竞争的区块。假设 X 是在 Y 之前 1~2 秒先产生出来的，这意味着，X 有机会能提前比 Y 传播至 50% 以上的节点，假设这个时间差并不大，此时出现的情况是先收到 X 区块的节点，将会在 X 区块开始寻找下一个区块；先收到 Y 区块的节点，将会在 Y 区块上面计算下一个区块。这个时候就会出现一个短暂的"分叉"，即出现了两条链，如图 2-3-1 所示。假设原来的链是 B，此时则出现了两条链，我们暂且称为 B+X, B+Y。如果再下一个区块 Z 是在 X 区块上发现的，那么那些在 B+Y 链条上继续挖矿的矿工们，就会放弃 Y，并转而在选择 B+X+Z 这条链上挖矿，这个被放弃的区块 Y，我们称为"孤块"（Orphaned Block）。

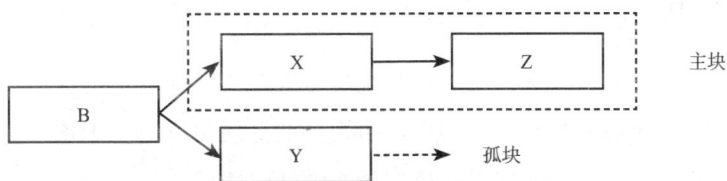

图 2-3-1 区块链分叉示意图

当然，也可能出现一种情况，就是自出现了 B+X，B+Y 两条链后，在这两条链上同时又产生了两个区块 U 和 V，出现了 B+X+U，B+Y+V。这种情况下，X 和 Y 两条链的竞争将会按照前述的方式一直竞争下去，直到该问题得到解决。这也是为什么大多数人建议，在一笔交易确认为不可逆转之前，先多等几个新区块得到确认，才是最保险的。

区块 Y 变成孤块后，包含的所有交易将变成"未被确认"的状态返回到交易池中区，新区块的比特币奖励，也只有当该区块确认在主链上后，才能成

Spendable，否则是处于 Unspendable 的状态。

五、传播速度

2015 年，当时全世界的节点大概为 6000 个，因此当一个新挖出的区块被至少 3000 个节点接受时，该区块就有较大的可能性加入主链（即只有当新区块被至少 50% 的节点验证并接受后，才有较大可能性加入主链）。例如，要传播至 3000 个节点，一个 700KB 的区块大约要花 17 秒，一个 200~300KB 的区块则只需要 6 秒。对于一个 8MB 大小的区块来说，要传播至网络中 3000 个节点，需要花 137 秒。

如果区块大于 20KB，当区块要传递到网络中的大多数节点时，每增加 1KB 的大小就会额外增加 80 毫秒的延迟。新挖出一个区块要传播至 3000 个节点，每个矿工平均花费 9.7 秒，中值为 7.2 秒，绝大多数矿工都处在平均值的一个方差区间内。奇异值包括矿工 BW Pool，是一个中国的矿工（花费 21 秒），以及 Polmine，一个波兰的矿工（花费 4 秒）。不同区域之间传播速度大体相同，总体而言欧洲的区块传播速度稍微快于平均数，中国和美国的区块传播速度基本相同。

六、矿池的出现

随着比特币全网的运算水准成指数级上涨，挖矿难度越来越大，对于单个设备或少量算力来说，要生成一个区块，至少需要几年时间，这就使得计算力较低的用户在比特币网络上获取到比特币网络提供的区块奖励是很困难的。当全网算力提升到一定程度时，获取奖励的概率会非常低，这就促使一些 bitcoin talk 上的极客开发出两种可以将少量算力合并联合运作的方法，利用这种方法建立的网站便被称作"矿池"（Mining Pool）。

以比特币为代表的 P2P 密码学虚拟货币开采所必需的基础设施就是矿池，是对外开放的团队开采服务器。矿池的出现有着重要的意义，能够有效提升比特币开采的稳定性，进一步稳定矿工薪酬。

矿池机制需要不同的人贡献出自己的计算力，以此来生成一个区块，在分发奖励时按照每个人的贡献比例来进行。无论个人矿工所使用的运算力多寡，还是是否有成功挖掘出有效资料块，只要是加入矿池来参与挖矿活动，都可以通过对矿池的贡献来获得少量比特币奖励。也就是说，多人合作挖矿，按贡献值分享奖励。

通过这种方式，要得到50BTC的奖励就不必再等待数年的时间了，对于小矿工来说，也能定期得到属于他们的比特币奖励。一个矿池给客户端的合法工作证明就是一个share（贡献/股份），share也是用来生成区块的工作证明。关于矿池挖矿的方式，主要分为以下几种：

（1）Slush方式。Slush矿池运行的是积分制，新的shares拥有比较高的权重，较老的shares权重相对更低一些，这样能够减少一轮中切换矿池的投机分子。

（2）Pay-Per-Share方式。这种方式支付给每一个share报酬的速度是非常快的，因为是从矿池现有的比特币资金中进行支出，所以取现速度非常快，不用等到区块生成完毕或确认之后。运用这种方式不会出现矿池运营者幕后操纵的情况，同时也能降低矿工的风险，使得矿池的运营者承担更多风险。为了弥补这些风险可能造成的损失，运营者可以收取一定的手续费。

（3）Luke-Jr方式。这种方式借鉴了其他方式的长处，如借鉴了Slush方式，矿工获得shares需要提供工作证明，同时支付速度也是很快的。Luke-Jr方式也具备自身特点，一个区块的shares，会被再次利用来生成下一个区块。当矿工的余额超过1BTC时才进行支付，这样能够有效区分参与矿工的交易传输费用，如果矿工的余额没有超过1BTC，将在下一个区块生成时进行累计。当在一周内矿工都没有提供一个share时，矿池会将剩下的余额进行支付，无论余额是多少。

（4）Triple mining方式。这种方式是将一些中等大小矿池的计算力合并起来，根据各个矿池计算力的比例，将获得奖励的1%分发给矿池运营者。

（5）P2 Pool方式。P2 Pool的挖矿节点工作类似于比特币区块链的shares链上，这种方式没有中心，不会受到DoS攻击。不同于其他现有的矿池技术，这种方式中每个节点工作的区块都包括支付给前期shares的所有者及该节点自己的比特币。分配给矿工的奖励比例为99%，生成区块的人获得的奖励约为0.5%。

（6）Puddinpop方式。这种方式使用了"元哈希"技术，使用特定的Puddinpop挖矿软件，目前这种方式已经退出历史舞台了。

综合来看，Pay-Per-Share（PPS）是最为常见的方式，也便于矿工挖矿使用。而P2 Pool在去中心化方面优势明显，不仅能有效避免DoS攻击，还能防止个别矿池拥有超大的计算力对比特币网络造成威胁。

第四节　区块链技术落地应用

一、区块链在金融领域的应用

（一）"区块链 + 金融"主要体现

"区块链 + 金融"是对金融领域的空前颠覆和创新。区块链能够给金融业带来巨大的价值，主要体现在以下两个方面：

1. 降低成本、提升效率

（1）压缩沟通的成本。中央结算系统、交易所等不仅需要多方参与证券交易市场，同时也需要多方对证券交易市场进行协调，这样的结果就极易造成成本过高。区块链和证券交易市场相比较有很大的优势，充分运用多重签名等先进的科学技术，减少了烦琐的步骤，实现了一条龙服务，同时也可以进行信息之间的有效共享，使整体业务的协作效率得到了快速的提升。

（2）减少人工劳动，提高自动化程度。

（3）缩短结算周期。区块链交易被确认的过程实际上就是清算、结算和审计的过程。

（4）保存监管记录和审计痕迹，为监管、审计等提供便利。

2. 降低风险

（1）因为在交易确认的时候不仅完成了清算，同时也完成了结算，所以使得交易对手的风险得到了很大程度的降低。

（2）交易过程在区块链的影响下逐渐数字化，同时也使得交易记录变得更加完整，从而使人为因素的操作风险得到了有效的控制。

（3）无论是区块链的分布式网络，还是区块链共识机制的存在，都使得金融企业的系统风险也大大地降低。

（二）"区块链 + 金融"的场景

区块链技术对金融的影响最可能发生在支付、交易银行、资本市场和投资银行业务的主要应用场景，即数字货币、跨境支付与结算、票据与供应链金融业务、证券发行交易以及客户征信与反欺诈五大应用场景。

区块链技术本身不仅是比特币的一种底层技术，也是一种全民参与记账的技术，可以看成一个数据库共享大账本。从技术层面上来看，区块链注定会与金融之间产生相当紧密的联系。基于去中心化、不可篡改、共识机制、匿名等特点，区块链在金融领域中的应用也必将成为推动金融向更高阶段变革的重要抓手。

1. 数字货币

比特币作为一种数字货币，它的出现彻底颠覆了人类脑海中对于货币的概念。从过去人类使用物物交易到现在的物理货币交易再到以后的信用货币，这一发展历程是随人类的商业行为以及社会的不断发展演进的。随着电子金融以及电子商务的不断崛起，数字货币以更加趋于安全、便利、交易成本低的优势，在基于网络的商业行为中得以应用，并逐渐取代当前的物理货币，成为流通的主流方式。

具体来讲，基于区块链技术的数字货币包括以下三种类型：

（1）社群数字"币"。以社群的认可度来做背书，我们将其称为社群数字"币"。数字货币的典型代表就是比特币，实际意义上是首个去中心化的社群数字"币"。

（2）企业内部虚拟"币"。目前，企业内部虚拟"币"的使用和社群数字"币"的使用相比较，要稍微落后一点。积分、储值卡等是企业内部虚拟"币"的主要形式。需要注意的是，这些数字货币从某种程度而言还没有和区块链技术形成生态系统。随着时代的发展和科技的进步，在以后的世界当中，假如这些数字货币的发行存在一定的规律，并且能够有迹可循，那么作者相信会有越来越多的企业加入这一领域当中，全球的企业到时候都会在基于数字虚拟"币"的基础上面进行有效连接，除了形成跨国生产之外，也形成全球金融活动，最终真正意义上实现全球企业相互沟通和联系。

（3）国家数字货币。2018年4月，委内瑞拉总统尼古拉斯·马杜罗（Nicolas Maduro Moros）表示，面对日益恶化的流动性危机，政府当局将通过出售石油这一新的加密货币来获得10亿美元的资金收入。此举的目的是提高该国的国际储备和外汇储备，并阻止黑市美元的升值。

瑞典在委内瑞拉发行"石油币"的影响之下，也发行和推出了国家数字货币加密货币 E-Krona，其目的是可以和全球市场上面的私有加密货币进行有效竞争。瑞典在数字货币的影响下慢慢地变成无现金的社会，瑞典央行认为对希望使用数字货币的人应该有一种完美的替代方案，因此计划发行和推出 E-Krona，并且该数字货币和瑞典常规货币是等值的，能够在消费者、企业以及政府机构当中使用，相互之间进行小额的交易。

事实上，许多国家都在探索国家加密货币的潜力。我国央行在 2016 年的时候召开了数字货币研讨会，对早日在我国推行数字货币开展了更深一步的研究和探讨。

目前，金融稳定委员会认为实物现金可以被数字货币完全地有效替代，这样除了能够大幅度地降低传统纸币的发行成本和流通成本之外，也能够减少人们购物时的支付结算时间，大大地提高了效率。

同时，数字货币的使用可以增加交易的透明度，在以下三个方面具有重要的作用：防伪；减少洗钱、逃税漏税等犯罪行为；自动化金融服务。

2. 银行征信

信用一直以来都是影响社会经济资源配置效率的重要因素。银行作为经济社会中重要位置的金融中介，在当前社会信用体系中所起到的核心作用主要体现在两个方面：一方面是解决资金供给双方的信息不对称问题；另一方面是对金融交易过程中出现的信用风险问题进行有效控制并进行定价。

可以说，基于区块链技术的银行征信系统与金融业中其他机构的征信系统相比较具有极大的优势。具体从以下三个方面入手。

（1）形成信用客户传统资源。基于社会分工的原因，使得银行拥有了规模非常庞大的金融客户群，这个客户群体中所包含的客户属性几乎涵盖了整个经济社会的个体。对于银行来讲，个体银行账户数据是银行征信系统构建的重要数据，其中包含了具有判断客户信用风险的数据信息，因此银行账户数据是银行征信体系构建必不可少的先天优势。另外，银行客户数据具有一定的历史性，在很大程度上是很难找到替代资源的，这即便是对于那些科技企业或者新兴的"互联网＋"企业来讲也是无法做到数据追溯的。

（2）提升监管门槛与法律合规成本。当前，国家对社会征信方面的监管非常严格，这样不仅提升了该领域的准入门槛，同时也提升了法律合规成本，然而银行作为金融领域中的传统经营机构，在这方面实际上具有得天独厚的优势，这对于那些企图进入信用评估领域的科技企业和互联网平台来讲，反而是非常不易实现的。

（3）反欺诈行为，防止金融犯罪。在过去几年，全球的商业银行为了能够满足日益严格的监管需要，于是选择加大力度投资信用审核以及客户征信，从而有效提升反欺诈行为的发生，进而减少金融犯罪的发生。在区块链上记载的数据，包括客户数据信息和客户交易记录等，对于银行有效识别异常和防止诈骗行为的产生方面具有极大的帮助。基于区块链技术的信用特征，银行可以在辨别客户信用度时，将不良客户信息数据存储在区块链当中，这样存储的客户数据信息和交易记录不仅可以进行实时更新，还可以使得客户信息能够得到更好的保护。银行通过分析和监控共享的分布式账本内有关客户交易行为的异常情况来及时判断并消除欺诈行为。

3. 数字票据

票据作为工具，成功地将支付功能和融资功能两者结合在一起，尤其是近几年，无论是银行家，还是企业都对它十分青睐。随着票据市场的进一步发展，已经在货币市场当中占有十分重要的地位，并且也成为极为重要的组成部分之一，得到了金融机构的重视和喜爱。随着实体经济的快速发展，票据业务为其进一步发展提供了十分重要的支持作用，除此之外票据业务也同样扩展了货币市场，使得金融市场中的产品种类得到了极大的丰富。

数字票据不仅具有安全性，同时也具有智能性和便捷性，是一种具有发展前景的新型票据展现形式。数字票据是通过先进、科学的区块链技术，并且在现有的票据属性，以及法律与市场的基础上面诞生的，为货币市场的发展，甚至整体金融领域的发展带来了全新的景象。数字票据具有以下优势：

（1）无论是系统搭建，还是数据的存储，不仅都越过中心服务器，也均不用中心级应用，和传统票据相比较有着以下优势：其一，无论是中心应用的开发成本，还是接入系统的开发成本，都得到了很大幅度的减少。其二，大大地降低了传统模式下系统的维护成本，以及系统的优化成本，如数据备份成本等。其三，系统中心化产生的风险问题大大降低和减少，可以减少和避免出现服务器崩溃，或者被黑客控制的众多风险问题，分布式数据库的容错功能十分强大。其四，中心化模式下，重复地记录和存储数据，使得成本重复性地浪费，而这样可以大大地减少重复性成本的浪费，每一位参与者记录和存储的数据账本，除了可以将其当作分账本之外，也可以将其当作总账本。

（2）数字票据的数据从特点来看具有完整性、透明性以及可验证性，这样任何一场交易不仅能够实现追踪，同时也能够实现有迹可循的查询。这些数据除了被完整地保存在某一个服务器当中，也可以被完整地保存在某一个参与方的机器当中，借助先进的技术屏蔽涉及商业秘密的内容，最终实现保护隐私的目的。

（3）数字票据的生命周期，在智能合约形式的影响下具有可编程性，简单来说就是数字票据具有限制性以及可控性。基于这些优点，具体在数字票据场景中的三个环节应用情景如下：其一，承兑环节；其二，流转环节；其三，托收环节。

4.跨境支付与结算

当前，跨境电商正处在风口期，各国对于进口食品、日用品、酒水饮料、婴幼儿奶粉等的需求虽然推动了跨境电商的蓬勃发展，但是在为各国提供更多商机的同时，跨境支付也表现出众多痛点。

具体来讲，这些痛点表现在以下三个方面：

（1）手续费极高、周转期漫长。

（2）跨境支付诈骗行为越来越严重，由此引发了跨境资金风险以及其他的法律商业风险。

（3）中间环节多。

区块链出现并应用于跨境支付与结算场景当中，摒弃了中转银行的角色，实现了点到点快速且成本低廉的跨境支付。具体来讲，区块链在跨境支付与结算场景中的应用优势主要体现在以下三个方面：

（1）降低操作成本和费用。首先，区块链技术摒弃了中转银行，也就是说中间的费用被免去了。其次，因为免除了和中转银行的业务关系，所以这也就导致了竞争的加剧，无论是手续费用，还是外汇业务利润，和以前相比较压力变大，从而最终使总体成本大幅度地降低。最后，所有交易的流程和以前相比较，变得更加透明和公开。

（2）安全性更有保障。区块链有着很多先进的技术，其中分布式账本技术就使跨境支付以及跨境结算的安全性，比以前得到了更好的保障。

（3）交易总体速度加快。银行之间随着区块链技术的进一步发展，不再需要借助第三方，可以有效地借助先进、科学的区块链技术打造的点对点支付方式，省去了传统的中间环节，从而达到全天实时到账、实施支付，以及便捷、快速的提现目的，这样不仅满足了跨境电商支付、结算的及时性，同时也充分满足了跨境电商支付、结算的便捷性需求，使交易的速度得到了整体的有效提升。

5. 有价证券交易

证券的发行与交易在操作过程中的流程是非常繁杂的，同时其效率也是相对低下的。通常情况下，企业在发行证券之前，都会事先找到一家券商公司与证券发行中介机构签订委托募集合同，之后再进行一系列的申请流程，最后才能寻求投资者认购。这样烦琐的流程需要花很长的时间才能完成，通常需要3天的时间间隔。

基于这种状况，必须要寻求一种能够化繁为简，从根本上提升证券发行与交易效率的有效技术。使用区块链技术就是一种很好的解决方式，基于区块链本身所具备的特点，区块链技术使金融交易市场中的所有参与方都能够平等地分享和使用数据信息，让交易流程更加趋于公开化、透明化，从而极大地提升交易的时效性。各方借助共享的网络来参与证券交易活动，这样就使原本在很大程度上依赖中介的传统交易模式才能完成的操作流程，进一步转化为分散的平面网络交易模式。这种基于区块链的交易模式在金融市场中的应用呈现出鲜明的优势。

（1）减少证券交易成本。能够在很大程度上减少证券交易成本，区块链技术的应用可以使证券交易的流程变得更加简单、透明、快速、高效。

（2）提升制定商业决策的效率，减少暗箱操作的可能性。利用区块链技术可以对交易双方或多方的身份、交易量等相关信息进行实时、准确的记录，这样更加有利于证券发行者能够更加快速、清晰地了解股权结构，进而提升制定商业决策的效率；区块链的公开透明性以及可追溯的特点，使证券交易过程中的电子记录能够减少暗箱操作以及内幕交易发生的可能性，更加有利于证券发行者和监管部门对于证券市场稳定性和安全性的维护。

（3）缩短交割时间，减少交易风险。在证券交易的过程当中，随着先进区块链技术的充分运用，使交易的时间大幅度地缩短，只需要10分钟就能完成交易过程，不仅大大地减少了交易风险，同时也使交易的效率以及可控性得到了很大的提高。

在证券交易的过程当中，因为先进区块链技术的大量运用，和以前相比效率有了很大的提升，所以有很多的证券企业开始重视和关注区块链技术，同时也进行了一定的尝试，如芝加哥商品交易所、迪拜多种商品中心等，这些证券企业大多取得了较好的应用效果。

（三）区块链在银行领域的应用

1. 区块链 + 信用借贷

在金融体系中，对于借贷而言，最重要的是对借款人的信用进行调查和评估，从而保障信贷业务的安全性，并且信贷企业能够获利。因此，信用两个字对于借贷而言至关重要。

目前，除了银行借贷以外，诸如 P2P 借贷、小额贷款企业、提供贷款业务的担保企业、财务公司、金融租赁公司、典当公司、有借贷业务的保险公司以及专门的贷款公司等都如雨后春笋般层出不穷。尤其是 P2P 借贷，作为互联网金融的重要组成部分，虽然近年来呈现野蛮式增长，但是由于技术因素、管理能力、法制环境、信用环境等多方面的欠缺问题，使 P2P 借贷的信用风险越来越突出。

显然，征信问题已经成为当前众多信贷机构开展业务重点关注的焦点。通常情况下，相关借贷公司在贷款前都会预测贷款可能遭受的风险，评价借款人的还款意愿和能力，从而采取有效的防范措施，减少或避免信用风险。借款人的信用评价往往会通过其个人品德（是否诚实可靠）、资本（自有财产状况）、能力（未来按时偿还贷款的能力）、抵押品（审查抵押物的价值和变现的难易程度）、经营环境（是否对变动的环境具有适应性，能够保持经营的稳定性和持续性）、连续性（预测企业产品的生命周期和市场份额，以及企业的市场前景）等方面进行综合评估。但是目前，信用贷款业务的开展，主要是考虑借款人的自身债务偿还能力。

对贷款人进行信用调查分析需要经过一系列的流程才能完成，这个流程不仅工作量大，而且存在信息不完整、数据不准确、使用效率低、易被恶意篡改等诸多问题。

在银行的信用贷款业务当中，随着先进区块链技术的充分运用，借助区块链程序算法可以自动记录大量信息的方式，同时把这些信息存储在计算机上面，从而使这些信息可以变得更加透明化和公开化，不仅将信息的篡改难度大幅度地提升，同时也降低了使用成本。各个借贷机构在存储客户信用状况的时候，用加密的形式来进行储存，与此同时将客户的信用状况在本机构进行有效性共享，这样客户在申请贷款的时候，直接在本机构查询就可以了，真正实现了去中心化，借贷机构借助调取先进区块链的相应数据信息，就能够快速、便捷地完成客户的征信调查分析工作。

此外，基于区块链的智能资产可以构建无须信用的借贷关系，在区块链上已经注册的数据资产能够通过私人密钥实现随时使用。借贷机构向借款人借出资金时，可以将智能资产作为抵押，再借助智能合约的约束来自动执行可以定位为抵押品的智能资产。当所有的货款流程结束，即贷款全部还清之后，可以通过智能合约的条件自动解锁，这样就可以很好地化解可能存在的借贷双方之间产生的问题和争议。

当前，国内有很多银行都在探索区块链的应用，且在一定范围内得到认可并提高了某些方面的效率，区块链技术对银行业的改变正从概念走向广泛应用，未来区块链或将能够替代效率低下的银行系统。

当然，区块链这项技术同样可以应用于企业与企业之间、个人与个人之间的资金拆借当中，尤其是陌生人之间的借贷方面，可以很好地解决信任问题，使借贷业务不仅能够更加高效地实现，还能够为借贷双方建立更加友好的借贷环境，更能有效降低借贷违约风险。

2. 区块链 + 可信电子凭证应用

当前，电子凭证都依赖于存储平台，这些存储平台大多是由第三方提供的，它是在中心化机构的基础上实现的，机构借助自身的信用或者公信力来提供电子凭证的各种有效性服务，如存储、保全等，电子凭证非常容易出现问题，如篡改、丢失等，这样就使得电子凭证司法效力比较低，从而在一定程度上阻碍了凭证的无纸化推广，以及进一步发展。

银联针对以上这些问题和挑战，提出了比较完美的解决方案，那就是可信电子凭证。例如，电子签购单，处于比较底层的银联、商户等区块链平台，用户通过在商户端的消费得到电子签购单的特征值，这些电子签购单的特征值会自动地存储在区块链平台，使数据的真实性和可信性得到了充分的保证，可以为后续参与方校验凭证真伪提供真实的数据，从而可以进一步推动和促进凭证无纸化的快速发展。

3. 区块链 + 数字化积分应用

目前，银行积分存在三点问题：积分感知很弱、积分的受理范围有限、积分过于碎片化。

基于以上问题，2016 年 9 月，银联和 IBM 公司共同发布了一个积分通兑 PoC 原型，即银行间积分可以实现兑换，也可以跨行业通兑，如兑换航空积分、超市积分等。由于每个银行的积分价值不一，所以对于积分兑换的看法并不一致。

现阶段，在万达集团重新梳理积分场景的过程中发现了一个新的场景——积分收单，即直接通过积分进行消费的场景。后续，银联、银联商务、万达集团计划共建区块链底层平台进行数字化积分应用实践，银联负责积分平台业务方案设计并运维该平台（积分清算），前期将寻求一家银行接入网络作为积分发行方，万达集团提供商户资源，由银联商务改造 POS 机进行积分收单。希望从积分收单开始，逐渐扩展积分的业务，如积分营销、积分兑换、电子凭证等。

（四）区块链在资产托管中的应用

当前，虽然并没有明文规定不可以使用区块链技术解决资产托管业务中存在的诸多风险问题，但是从资产托管业务本身来看，采用区块链技术，为进一步实现资产托管合同上限、更新结构化与自动化等提供了更大的可能性。从这一角度来看，区块链技术在资产托管业务中的应用，必将使资产托管在安全、效率流程简化的问题上大有改善。具体来讲，区块链在资产托管应用中的具体实施步骤如下。

1. 构建联盟链

因为客户类型比较固定，以及结构协同与业务流程具有交互的特点，所以资产托管客户和资产托管人在业务的具体运用过程当中，应该选择最为恰当的合作模型，那就是联盟链。无论是托管行业，还是管理人，都需要在联盟链的基础上，通过相互之间合作与配合方式，来共同构建区块链。

2. 双方设置密钥

在资产托管业务当中主要涉及的人一共有三种：一是资产管理人，二是资产托管人，三是交易所或者登记结算公司。同时，因为监管信息的报送和查询也包含在资产托管业务当中，所以从区块链节点来看，可以将其分为四类，一是资产管理人节点，二是资产托管类节点，三是交易所和登记结算公司节点，四是监管方节点，并且这四类节点均能够被当作区块链上面的参与方。从数据安全问题上来看，每一类节点在进行交易的时候，不仅需要资产托管人的公钥加密，同时也需要资产托管客户的私钥来进行有效性的签名。

3. 流程改造

资产托管业务在业务流程改造的时候，最为复杂和烦琐的业务就是对托管产品进行估值核算，以及实时更新托管产品会计科目以及科目账。

4. 构建共识机制

在对资产托管业务进行记账的过程当中，需要站在业务的连续性角度来全面、充分地考虑，虽然资产托管业务区块链的区块产生仍然是资产托管人的节点，但是实际上还需要按照目前的业务情况，来对资产托管人节点产生区块，进行重新制定、选择算法和共识机制，从而判断出资产托管人节点真正的产生区块。

5. 智能合约约束

在运用区块链技术中智能合约的过程当中，除了需要对目前区块链技术的发展现状有充分和全面的深入了解之外，还需要对资产托管业务区块链的实施效率有全方位的思考和考虑，同时充分依据企业的实际需求，对区块链技术进行有效的改造。运用区块链技术中的智能合约，不仅能够帮助和促使委托人、管理人以及托管人，三者之间的合同、协议自动执行，也能够使任何交易以及信息被披露，真正地实现线上化以及自动化。

（五）区块链在保险行业的应用

比特币区块链技术的真正革命就是资产数字化，区块链要实现的是资产数字化以及这些数字化了的资产如何在整个经济环境中交易、处理和流动，并且这将会真正改变金融服务运作的方式。

无论哪个行业，都是将维护客户和企业利益最大化作为企业发展的战略目标，同样保险行业也将其作为发展的战略目标。保险行业从互联网领域逐渐向金融领域缓慢地渗透，作为缓慢结构的行业，以目前的情况来看，传统保险业是通过一系列的人为操作所驱动的，无论是从报价到投保申请、从承保到合规审核，还是从出单到第一时间损失通知等，所涉及的每一个环节都离不开"人"的参与。这种情况就使得效率低下充斥着整个保险公司价值链的各个部分，与此同时，也带来了一定的风险问题。也正是如此，才有了区块链技术的用武之地。

区块链本质上就是由一系列分布式账本组成，它的存在使得被信任交互与不可变审计跟踪的同时发生成为可能。这样，就使区块链在保险行业中的应用能够产生以下三个方面的影响：

1. 去中心化

纵观历史，人类的发展和产业的形成一直以来都是通过逐步的中心化实现的。保险行业同样如此，保险公司实际上就是由政府和监管部门特许授权的风险转移集散中心，也正是这些中心严重控制和影响着未来保险行业的运行情况和未来发展方向，并且长期以来人们已经习惯通过这些中心来完成有关保险的相关业务。

区块链具有去中心化的特点，区块链技术在保险业的应用，使得保险业也可以实现去中心化，由此不再需要银行这样被大家一贯认为不可动摇的第三方中介机构依然可以完成保险投保业务等，并且较传统保险业务效率更高、更具安全性。

2. 去信任

当前，监管部门批准成立一家保险公司时，实际上已经为这家保险公司的所有业务贴上了一张基础信任标签。另外，保险公司为自己提升资本金、改善偿付能力，其目的同样也是在提升自我信任标签的等级。除此之外，所有的广告宣传以及品牌推广，最终的目的都是能够通过传播的方式来提升在民众中的信任感。由此可见，对于保险业来讲，信任可以说是发展的核心。

区块链技术可以通过算法、密码、数据校验来确保金融交易的执行。区块链技术应用于保险行业，无论是买方还是卖方，都能够在无须基于诚信体系的背书和保证的基础上放心投保，完成交易，并且基于区块链技术的使用，保险业一切秩序的维护都通过算法、密码、代码的方式进行。

3. 去人化

先进区块链技术在保险行业的大量运用，成功实现了安全、无人操作。智能合约技术可以在履行保险业务的操作过程当中，即便投保人没有进行申请理赔，更甚至保险公司也没有进行一定的批准理赔，只要成功地触发相关理赔条件，那么保单就会自动为用户理赔，完成相应的理赔金额支付操作，并且是在比较短的时间内完成的，大幅度地缩减和减少了承保周期，与此同时承保产品也在其影响下具有了相应的定制化特点。区块链技术在保险行业的应用，免除了人为操作，避免和减少了欺诈的产生，实际上不仅减少和降低了成本、风险和保费，同时也为更多的保险用户带来了创新性的革新体验。

这里举个简单的例子，当乘客乘坐的航班出现延误情况时，就会触发原先通过区块链技术存储的一个智能航班延误险合同，再借助互联网的连通性能，使航班延误成了一个公开的记录，通过获取相关公开数据之后，系统就会将该事件判断为需要理赔的事件，因此就会自动并且及时地支付乘客理赔金。基于这种智能合约技术，使得所有的公开数据都不能随意被篡改，同时也可以使得理赔更加高效，不仅大大降低理赔处理成本，也使得客户与保险公司两者的满意度得到了大幅度的提升。

投保人投保车险主要目的是可以全面覆盖因发生交通事故产生的一系列的修车费用。当投保人发生交通事故的时候，可以通过互联网和汽车相连接，以及区块链技术的储存条件，对发生交通事故的原因进行正确、科学的合理判断，并且成功触发智能车险合约，从而顺利进入理赔阶段。与此同时，理赔的修车地点在区块链的智能合约当中是提前指定好的，这样能够避免投保人选择高昂维修厂的可能性，可大大降低和控制理赔费用的支出。

当然，除了航空意外险、车险以外，区块链的智能合约技术同时还可以用于汽车租赁险、旅游险、智能家庭财产险、农作物保险索赔、医疗保险索赔等诸多保险场景。

总之，区块链技术已经成为当前传统保险业发展的转折点技术，未来希望通过借助区块链技术可以帮助保险业释放更多的行业潜力，让保险业的发展能够"百尺竿头，更进一步"。

二、区块链在文创领域的应用

将区块链和文化创意产业充分地结合起来，可以快速促进数字经济的发展，从实际意义上来说将成为数字经济发展的新引擎和动力。从另一角度来说，在文化、娱乐等众多方面运用先进的区块链技术，可以给文化创意和数字经济发展带来无限发展的可能性和空间。

在文化创意领域当中充分地运用区块链技术，可以把文化产业链条中的各个环节进行有效整合，加速各个环节的流通速度，大大缩短和降低价值创造的周期。在鉴权众多优秀作品的时候，可以借助相应的区块链技术，充分证明视频等作品的存在，除了充分保证了权属的真实性、唯一性，以及一致性之外，同时也保护与其相对应的知识产权。当这些优秀的作品在区块链上被确权之后，在后续的交易过程当中都会实时记录，从而真正达到文化产业全生命周期管理的最终目的。

在文化产业领域当中，区块链涉及很多领域，如文化娱乐、数字内容等，区块链技术可以充分进行内容创作、版权保护等众多应用。

（一）区块链 + 文化娱乐

在文化领域当中，文化娱乐不仅占有非常重要的地位，同时也是极为重要的组成部分之一，如数字音乐、数字视频等。文化娱乐产品涉及很多环节，如生产、流通等。在互联网时代，区块链技术得到了进一步发展，文化娱乐将随着"区块链 +"时代的到来，迎来一个全新的发展机遇和机会。

1. 文化娱乐行业痛点

知识产权随着知识经济的进一步发展和兴起，开始逐渐成为市场竞争力的核心要素。互联网虽然作为知识产权保护的重要和前沿阵地，但是仍然会发生侵权现象，经常发生网络著作权官司纠纷，尤其是举证困难、侵蚀原创等已经成为内容产业当中十分突出的问题。

2. 区块链 + 文化娱乐行业的解决思路

首先，充分运用先进的区块链技术。借助区块链当中的时间戳，以及哈希算法对作品进行有效确权，这样不仅可以证明作品的存在性，也可以证明作品的真实性以及唯一性。只要作品在区块链上被成功地确权，那么在作品后续交易的过程当中都会进行实时的记录，这样就可以对文化娱乐行业的全生命周期进行有效的追溯，同时也可以对其进行有效的追踪，不仅为司法取证提供了技术保障，也为司法取证提供了结论性的确凿证据。与此同时，我们都知道文化娱乐的起点和核心分别是创意和内容，在文化娱乐当中充分运用区块链技术，不仅可以整合各个环节，加速环节的流通速度，同时也可以大幅度地缩短和降低价值创造周期。

其次，在文化娱乐领域当中运用区块链技术，能够成功地实现数字内容价值转移的目的，并且在数字内容转移的过程当中，充分保证可信、可审以及透明。

最后，在区块链的多层次信任共识和激励机制，以及基础设施建设（安全验证节点、平行传播节点等）的基础上面，快速提高文化娱乐行业的存储能力，以及文化娱乐行业的计算能力，从而推动和促进文化娱乐行业可以快速进入数字化时代。

3. 区块链 + 文化娱乐行业应用场景

（1）区块链改变音乐市场格局。众所周知，音乐市场的规模虽然非常大，但是众多音乐人在传统模式下得到比较合理的版税是比较困难的。音乐领域充分运用先进的区块链技术，不仅可以保证整体生产以及传播时候的费用，以及用途更加透明和真实，也可以充分地保证音乐人直接从作品的销售当中获得相应的收益。与此同时，音乐人还可以有效地借助区块链平台，直接跨过出版商以及发行商，自行发布作品和推广作品，音乐人完全不用担心侵权的问题，同时还可以对自己创作的作品进行更好的管理。

（2）文化 IP 打造。在打造文化 IP 的时候充分利用先进的区块链技术，在区块链特性以及虚拟市场规则的基础上，使得用户不仅可以成功参与文化 IP 的创作和生产，同时也参与文化 IP 投资、传播以及消费，整体流程完全摆脱了对第三方平台的依赖。此外，在文化 IP 打造的过程当中利用先进的区块链技术，添加信任的确权节点、权益分配等众多功能，这样不仅可以有效地解决交易过程中的不透明，以及内容不公开等众多难题，也可以真正地实现跨地域建立人与人之间的信任关系。

4. 应用案例

先进的区块链技术一旦在音乐领域被广泛应用，会对现有的音乐产业格局产生非常大的影响，存在很大的可能颠覆现有音乐产业格局，尤其是在完美解决数字音乐版权管理难题，实现"粉丝"经济最大化等众多方面有着非常大的发展前途。

Spotify 作为全球最大的音乐流媒体平台，成功收购了区块链初创公司 Mediachain。Spotify 通过多种方式，其中就包括提供开放源代码对等数据库与协议，成功让音乐创作者把自己的身份和作品关联起来，进而确保所有歌曲都能追踪到创作者和版权所有人信息，并由 Spotify 使用合理的途径支付版权费用，同时也能缓解流媒体平台与版权所有人之间的矛盾。

（二）区块链 + 数字版权保护

1. 行业痛点

知识产权随着互联网先进技术的进一步发展，以及数字经济的兴起，开始逐渐成为市场竞争力的重要核心要素，虽然越来越多的用户期望创作和生产的数字内容可以得到有效的保护，但是在目前的互联网生态环境当中仍然存在着很多的问题和挑战，如版权保护难等。除此之外，用户创作和生产出来的作品不仅涉及多个环节，同时也和众多利益方有一定的牵涉，这些都在一定程度上导致了作品版权维护难度比较大。

现如今，社交网络是中心化结构，用户充分依据社交平台制定的规则来进行内容创造，并且在社交平台上存储和分发内容。中心化网络成功地让用户之间实现交互，服务方通过收集和分析用户数据，对用户进行十分精准的广告推荐，最终服务方获取一定的收益。有些用户对于服务方收集自身数据的隐私安全问题十分注重和敏感，对此种模式极为不满意。

2. 解决方案及应用场景

数字作品版权利用先进的区块链技术，可以对其进行十分精准的有效跟踪，将新闻作品版权流转过程十分完整地记录下来，从确权、用权到最后的维权进行清晰、完整的记录，也正因为如此，无论是价值交换活动的记录，还是价值交换活动的传输和存储结果，均是可以相信的。

通过先进的区块链技术，可以成功实现点对点以及节点与节点之间信息交互和实时、快速联系。在用户有存储信息需求的时候，信息能够通过加密的形式存储在节点上面，无论是存储和贡献算力的人，还是创建与维护内容的用户，都可以得到与其相应的奖励，当用户想要访问自身数据的时候，可以有效地借助用户自己的私钥来进行访问。在用户没有必要存储信息的时候，虽然产生的众多信息会在被加密之后进行传输，但是用户的数据信息并不会被记录在区块链上面，存在一定的可能存储在用户的手机缓存当中，这样就可以真正地实现私密的点对点信息传输。

利用非常先进的区块链技术，在对众多优秀作品进行登记的时候，能够快速、便捷地将时间戳、作者信息、原创内容等元数据充分地整合在一起，并且成功地存储到区块链上。

运用先进的区块链技术，在内容领域当中充分借助时间戳以及不可篡改的特性，无论是内容的创作信息，还是作品的被使用信息，都可以被记录下来，同时再加上区块链当中的智能合约，作品的创作者可以在内容每次被使用之后得到与其相应的奖励，这样不仅使内容创作者的权利得到了有效的保护，同时也能够大幅度降低甚至除掉中间商的服务费用，从而激励内容生产者可以创作出更好的优质内容和作品。

三、区块链在房地产行业中的应用

（一）区块链＋房地产应用场景

1. 提高可靠的地产信息的速度

大多数情况下，地产买卖双方或中介机构通过位置、租金等，在交易平台上进行相应的匹配，然后平台对匹配成功的用户收取部分费用。平台因为没有相对统一的流程以及数据标准，有着比较强烈的主观性，所以就会产生很多不好的现象，如信息不完整、更新不及时等，这样就会使得交易双方为了进一步核实数据以及具体情况付出相对较大的成本。这些搜索过程本身就效率低下，因为这些数据在不同平台非常碎片化，所以导致房东和求租人决策效率变低，因此人们对这样的方式不够信任。

区块链技术可以提高这一过程中的效率和信用。区块链可以详细记录地产位置、地址，乃至出租率、房价、历届房东和租户等细节，让市场参与者以更低的成本获得更可靠的数据。

2. 提高房屋尽职调查效率

在房屋买卖过程中，通常会消耗大量的时间、精力去做金融、环境、法律等方面的调查，以评估租金和价格。其中，很大一部分是对物理文件真伪、合规的验证，这种验证不仅加大了政府的行政工作，还容易在验证过程中出现错误和损失。同时，第三方服务商会在漫长的调查过程中收取不菲的佣金。

区块链可以提升这一过程的效率和准确性，商业地产参与者可以通过先进的区块链技术为房地产开发相应的数字身份，同时把市场参与者的众多信息，以及与其相应的特征融入数字身份当中。借助区块链技术的特征，这些记录将不可篡改，可以将财务、法律等信息简化，并缩短尽职调查过程。

3. 优化租售之后的资产管理

由于房主、租户、物业、各供应商之间的依赖关系，管理房地产开发商的财产是一项相当复杂的工作。从房主、租户、物业、各供应商等合约签订开始就有了付款和服务往来业务，不仅需要执行，还需要对其进行准确的追踪和快速记录。也正是因为如此，房地产公司在管理环节当中需要支付一定的成本。

房地产行业利用先进的区块链"智能合约"形式，不仅可以使财产和现金的管理变得更加容易和透明，同时也可以变得更加快速、有效和便捷。智能合约是一系列数字化的承诺。如果在区块链平台上使用智能租赁合同，可以实现租赁期限和交易的透明，并且也可以在"智能合约"的形式下，到期自动将租金成功地支付给房主、物业，以及其他利益相关者。

4. 帮助开发商做出准确决策

现如今，房地产行业存在着很多的问题和挑战，其中"信息不对称"除了在个人交易者之间有所体现之外，同样也在商业地产机构上面有所展现。大多数情况下，有利用价值的信息散落在各种不相同的节点上面，此种模式不仅使数据太过冗余，还使数据多次重复和不透明。管理者在进行决策的时候，就是依据这些相对片面和静态数据，而不是比较全面和精准的动态数据。

开发商借助先进的区块链技术，可以将这些数据充分地链接起来，从而使管理者在进行决策的时候，可以充分依据这些精准的数据做出正确的决策，大幅度提升管理者的决策以及分析质量。将地产公司和租赁交易中的其他参与者之间连接，为所有相关方提供共享的数据库，这将提高数据质量，并让数据更容易记录和检索。

5. 实现更有效的融资和支付处理

缓慢、昂贵、不透明的融资和退出已经困扰地产开发商良久，这一现象在跨境交易中尤为明显。在跨境交易中，外汇收费和多个中介机构的参与通常会增加付款交付时间和交易成本。如果一个美国买方想购入一处英国的地产，需要让资金经过美英两国的四家银行，才能最终转入卖方手中，整个支付和转移模式通常是不透明的。

区块链可以将买卖双方详细信息、交易费用、汇率、交易时间等包括在智能合约内。交易双方通过网络完成交易，因此结算流程可以更加无缝。通过密码验证资金可用性并促进资金同步转移，提高流程的稳健性。通过这种方式，可以最大限度地降低结算风险和支付延迟。

（二）区块链 + 房地产应用价值

1. 减少和消除欺诈

拥有一个完全透明的房地产所有权体系，并且可以追溯市场上每一个房产交易的历史数据，欺诈的风险就会降低。目前，在房地产交易领域每年都有一笔巨额资金用于核查所有权、所有权转让及其他各种权利。如果区块链做了准确的记录，确定现在的所有者，并给出了他确实是所有者的证据，这就会使买卖房产更安全、可靠。

2. 提高房地产开发效率

加快房地产开发进程，区块链技术的不可篡改特性可保障智能合约的执行，可以为智能合约提供运行的平台。使用基于区块链的智能契约，将资产交换作为房地产交易的一部分编码，在约定的标准完成时立即执行，并且这一网络中所有参与者的计算机都可以对每项事务进行验证，这样就避免了开发过程中各种繁杂程序和问题，可以极大地加快项目开发进度。

3. 房地产交易透明化

区块链可以让这个过程透明化，增加各方的信任，减少官僚作风。先进区块链的"智能合约"形式，能够充分保证在完成所有的步骤之后，款项才可以进行转移，以及从托管当中成功地接触或者偿还银行，任何所有权才会转移。区块链的分布性使交易中任何一方不再依赖唯一的"真相来源"（通常是律师），增加各方的信任，降低成本，加速交易。不难想象，如果买卖双方能够更清楚地看到和批准对方的举动，中间商就不再是唯一掌握关键信息的人，一些中介角色就会减少甚至消失。

4. 增加租户的所有权

英国政府的"阶梯式共有产权"计划，旨在帮助初次购房者通过购买房产的一部分，剩余部分以租金形式支付，以便让民众也能买得起房。租房者在能够负担房产的情况下，可以购买额外的房产，这个过程被称为"阶梯式"买房（Staircasing）。

房地产行业运用区块链，可以为此种所有权模式打开大门，创造十分有力的条件。当前，只有极少数的房产适用"阶梯式共有产权"模式，并且只完全符合标准的买家才可以获得。房地产通过区块链，存在一定的可能实现向所有买家开放"阶梯式共有产权"模式，这样无论是卖方还是买方都会被吸引。出租人有着十分稳定的租金收入，并且不用担心租房的"空窗期"、租金问题等；承租人除了有自己的家之外，同时也有着对房产装修以及装修的权利，可以充分根据承租人自身的需求做出合适的相应调整。区块链当中的"智能合约"可以充分实现这些功能，每一期的付款，都会充分依据区块链分类账中相关记录的所有权级别，来进行自动化的调整，并且也能够不断地对额外权益进行自动估值。

5. 明晰产权，放开资本

对财产拥有毋庸置疑、不变的所有权至关重要。这使得抵押贷款变得可行，从而可以释放大量的资本进入经济生态系统。区块链本身的特性中蕴含着强大的制衡力量，因其分散的性质，在缺乏对市场机构信任的情况下，区块链成为理想的选择。

6. 智能合约使交易更方便、更高效

智能合约能够像多重签名账户一样高效地发挥作用，其中资金只能在人们同意条款的情况下才能依情况发放特定的百分比。这也意味着用户之间的协议可以得到有效管理，增加了人们购买保险和其他用户特定保险费的可能性。例如，典型的租赁合同可以变成一种使租赁条款和后续交易具有透明度的智能租赁合同。

第三章　区块链与数字经济的关联

深入推动数字经济的发展，必须加强数字技术的进步，深度拓展先进技术的场景应用，区块链、人工智能、量子等新技术是数字经济发展的驱动力。本章主要论述区块链与数字经济的关联，分别介绍了产业数字化、数字产业化和数字经济时代。

第一节　产业数字化

互联网对现实世界的影响不言而喻，我们对互联网的认识可以从互联网这个词说起。

首先，"互"代表互通，指的虽然是可连接特性，但还不是"完成时态"，原子世界如果不具备可连接性，也就根本谈不上连接了。

城市中的立交桥，使得城市四通八达。假如我们从 a 经过立交桥到达 b，从 b 想返回到 a 非常困难，那么这样的设计一定是失败的。这里可以比喻为互联网世界的可连接性是非常重要的，虽然因为当时的某些因素不能进行实际的连接（如安全的要求），但是这些因素消除后，就能够快速建立起连接关系，信息的传递也就很容易流动起来，提升了竞争过程获胜的优势。

其次，"联"指的是连接的状态，代表了协同、自律，是一种生态，不单指狭义的人与人、机器与机器、人与机器的连接。广义的"联"包括了联盟、协会等社会组织。正在连接的有效路径越多，可以获取的资源也就越多，在竞争的过程中取得胜势的概率就越大。

最后，"网"指的是网络，泛指包括网络在内的物理及物质资源，包含了物质、精神的内容（当然也包括法律、法规等体系）。在连接中传递的内容和效率，形成了自身的商业模式，这也是最后形成价值链的关键。

因此，在物质世界中提到的互联网，应该是"互""联""网"三个层次的叠加，缺一不可。

前些年，地方在推进智慧城市的过程中出现了一些问题，如"产业扩张分离、学界人才不济、研究不接地气、投资不成体系、地方难控大局、应用都难满意"等。为什么会出现这样的状况呢？

以 IT 项目建设为出发点推进智慧城市形成了产业扩张分离，虽然这在当时解决有和无的问题时也许是一个较快出业绩的形式，但是随着智慧城市的深化，它的弊端已经显现出来。现在的创新太快，人才的培养自然滞后，却没有找到一种较好的方式，因而人才不济；许多公司在获得项目权后，顶层设计与实际实施落差较大，也是系统性问题。

如今的应用效果是建设者较难获利、使用体验差、地方政府进退两难，因而常常会有人问："帮我推荐一下哪里智慧城市做得好点？"其实这个问题很难回答。

城镇化在未来的发展过程当中，将更加强调和重视消费结构升级的信息化城市，以及智能化城市，也正是因为如此，快速建设智慧化城市成为推动新型城镇化以及快速建设新农村十分重要的工作之一。由此，我们也可以进一步看出来，智慧城市和以前智慧城市的概念相比较，已经完全不同了。城镇化作为会带来经济和社会变化的系统工程，需要各项配套改革，只有这样才可以推动和促进城镇化。

为此，我们来看看地方政府智慧城市的顶层设计。PSR（Pressure-State-Response，压力、状态、响应）最初是由加拿大统计学家 David J.Rapport 和 Tony Friend 于 1979 年提出的。我国在此模型的基础上，充分结合我国的实际发展情况，在大数据的基础上提出了反馈经济模型（Working-Sensing-Smart，活动、感知、智慧）WSS，同时这也是智慧城市的顶层模型。

如图 3-1-1 所示，人类的各种活动对环境和资源产生了种种压力，通过信息的形式被各类机构感知（有形和无形的机构），然后这些机构会对环境及资源进行重新配置，进而影响各类活动，形成一种共享形态下的反馈经济。

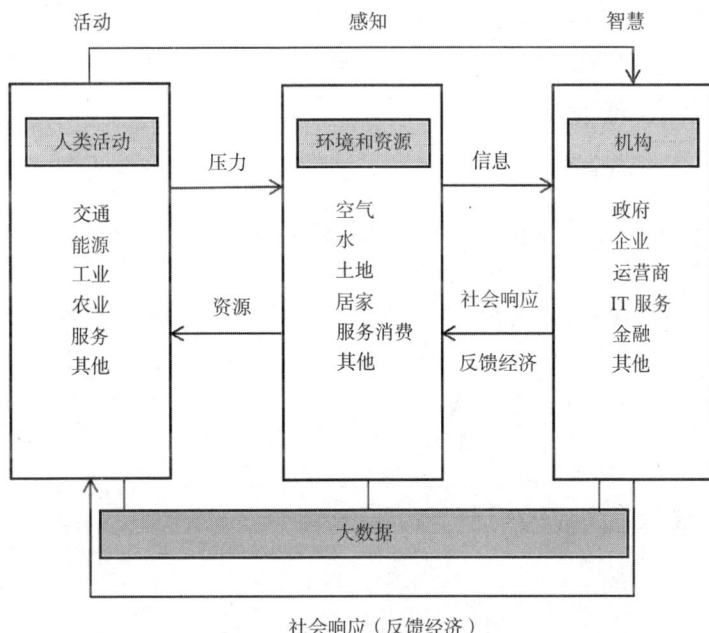

图 3-1-1　共享形态下的反馈经济

从我国这些年城市信息推进的状况来看，许多城市已经基本完成行业的信息化（数字化的初级阶段），以前的问题是这三条垂直块（活动、感知、智慧）沉淀下的数据（在智慧城市领域当然是大数据）没法打通。

那么有什么破解智慧城市的办法呢？那就是要向数字产业化推进——大数据的产业化方向发展。

第二节　数字产业化

如图 3-2-1 所示，消费领域的创新已经进入了"红海"，其特点是玩"社群经济"，可以通过小众的力量口碑相传，利用特定的场景体验，靠流量实现变现。在图 3-2-1 左边的农业、工业中，其商业模式变为了怎么将非标准的产品通过数据"细化"工艺、流程、销售等各个环节，实现个性化定制、网络化的协作，实现社会化生产。将生活性服务业转移到生产性服务业，逐渐改变了传统的服务业，去中介化的特征十分明显，这样崛起的生产性服务业，不太可能从原来的传统企业内部去进行改造，因为新业态使它的产业边界已经模糊化，生产的各个环节已经分解，组织形态已经完全区别于此前的公司形态，形成了网络化和平台化的生产形式，我们称它为生态运营平台（Ecosystem Operating Platform，EOP）。这时我们称其为数字产业化时代。

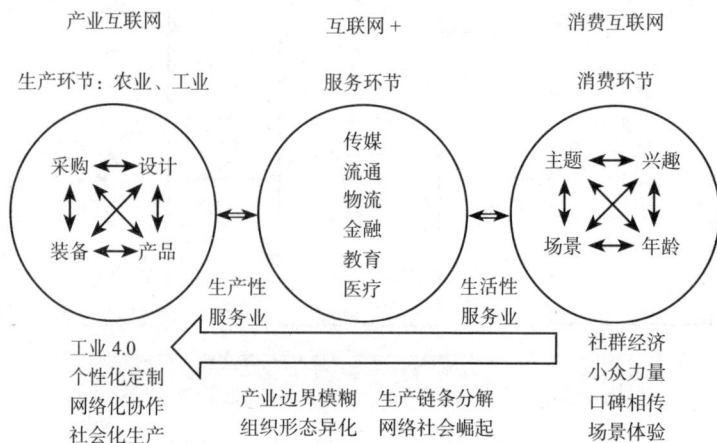

图 3-2-1　产业互联网的全景图

如图 3-2-2 所示，展示了大数据全生命周期过程中与各个领域的交错关系。从技术的角度来讲，数字化产业包括数据采集（包括物联网等）、数据存储（包括云计算、数据清洗等）、数据处理（包括数据脱敏、数据迁移、预处理等）、数据分析（包括数据挖掘、数据建模、数据预测等）、数据可视化（包括 VR、AR、MR 等）直到数据决策与数据服务。数据生命周期的各个节点形成了大数据技术市场的各个细分领域，当这些细分领域与各个行业叠加后，助推了数字化产业的发展。

图 3-2-2　大数据全生命周期过程中与各个领域的交错关系

前几年在推进数字产业化过程中存在的误区是重数字轻产业。从物联网、云计算到大数据的演进过程中，依据结果来看，开展得较好的公司是那些依靠项目承揽型的公司，表面上看似乎又回到了产业数字化的时代——信息化项目至上，实际原因是什么呢？主要包括七点：服务提供的惠民化（竞争模式）；享用服务的"傻瓜"化；（地方）政府职能的社交化；生态链的分布化（零边际成本共享经济）；数据开放化；金融的普惠化；试错、容错的常态化（政策）。具体诠释如下：

（1）服务提供的惠民化（竞争模式）。充分学习、参考和借鉴打车软件的精髓。智慧城市平台设计当中提供的众多服务，不要全部都依靠用户来找寻，要通过让服务方去相互竞争的模式，来为用户提供更多、更好的服务。此种服务竞争模式以用户为中心，从另一层面理解，就像是出租车司机提供的服务一样。需要注意的是，在提供此种服务竞争模式的时候，也要运用补贴、奖励等市场调节技巧。

（2）享用服务的"傻瓜"化。简单来说就是用户体验。用户真正地享受到"傻瓜"化服务的多少，对平台的市场空间有着非常重要的决定性作用。例如，子女或者家长可以通过直接控制"陪伴机器人"，对老人或者小孩的情况进行直接观察，并且子女或者家长可以与老人或者小孩进行对话，将比较复杂的操作放在APP端，老人或者小孩能够直接和机器人语音对话，并且得到相应的服务。这样的原理虽然比较简单，但是在现今的家居服务市场当中有着非常大的空间。

（3）（地方）政府职能的社交化。地方政府的职能转变也对引领智慧城市向新型城镇化升级有很大的推动作用。按传统的行政职能权属去推进智慧城市，很难适应上述共享经济时代的要求。

只有把此前的行政管理职能逐步向"社交化、服务运营型职能转变"，才能提升政府的管理效率和社会满意度，并且真正塑造生产性服务业在区域经济市场中的地位。

（4）生态链的分布化（零边际成本共享经济）。随着区块链的进一步发展，很多人感受到了平台化的好处和优势，并且从中得到了不菲的收益。生态链的做法就像是从农耕时代直接过渡到圈地运动，过度的圈地运动从时代发展的角度来看，和时代向前发展的趋势产生了一定的冲突，所以生态链必然会出现分布化的发展趋势。

随着能源互联网的进一步发展，它把每一户的太阳能和风能成功纳入新的能源生态当中，圈地运动在此影响下，存在一定的可能发生转变，使得边际成本得到大幅度的降低。

（5）数据开放化。数据开放化有一个从思想到行动，最后再到效果的具体过程。依照反馈经济模型WSS，在推动和促进建设智慧城市的过程当中，只有真正做到数据开放，才可以对大数据进行充分的利用。

（6）金融的普惠化。前面提到了前几年有个别的企业来找金融企业合作，是很有远见的。金融的普惠化要求我们在智慧城市的推进中有全面的投融资战略。

智慧城市投资、融资的核心问题是将相对完整的社会资本引进到智慧城市战略涉及的各个领域及各个环节，采用市场机制运用于投（资）、融（资）、退（出）、建（设）、运（营）、管（理）等方面，进而形成全社会资源对于智慧城市战略支撑上的有效配置，具体包括发行专项政府债券，智慧城市引导基金，地方投资、融资平台转型，通过建立大数据交易市场推进共享经济的发展等。

（7）试错、容错的常态化（政策）。智慧城市向新型城镇化服务转型，必须要创新，创新过程难免会涉及相关者的利益，同时会对一些旧的体系形成冲击。在充分遵循国家法律以及法规红线的原则上面，假如再去设定创新的上限，从某种程度而言创新就失去了意义。在创新的过程当中，无论是试错还是容错，都应该常态化，因为堵的方式除了会增加边际成本之外，还会挫伤创新的动力和干劲。

第三节　数字经济时代

"数字中国"是一个宏大的目标。由此可见，数字经济在如今我国社会发展的阶段中是何等重要。从媒体的相关报道中也可看出产业数字化、数字产业化，最后达到数据资产化、资源化的路径。

按照百度百科的定义，在经济系统当中广泛地使用数字技术，并且带来整体经济环境以及活动的根本性变化，通常情况下我们将其称为数字经济。这与我们在产业数字化中提出的WSS模型的运行机制是一致的，也是与社会经济的基础理论吻合的。

在社会经济中，存在三个基本要素。

首先是生产资料（生产手段）。主要指的是劳动者在生产的过程中，使用的各种资源和工具，如厂房、工具等。除此之外，它不仅是生产过程当中劳动资料与劳动对象的总和，同时也是劳动者物质生产必要的物质条件。在比特世界中，我们认为小到服务器，大到物联网及前面提到的 WSS 模型下的大数据，都可以看作生产资料。

其次是生产力。依照德国著名思想家恩格斯的观点，生产力作为改造自然的能力，将具有劳动能力的人以及生产资料，两者充分地结合在一起。人工智能的出现，使得人的能力就像从前有了各种工具一样得以提升，因此我们可以把人工智能当作生产力。

最后是生产关系。我们人类在物质资料生产的过程中，逐渐形成的社会关系，我们将其称为生产关系。生产关系是生产方式的具体社会形式，它包括很多方面，如产品分配的形式等。

区块链的本质是一个账本，当一个商品、一个行为、一个交易开始时，可以产生一个区块，它的整个生命周期被详细地记录下来，形成了一个链。这个账本是在互联网上进行多方复制，所以叫作分布式账本，已不只属于任何个人、组织或机构。因此，比特世界中"大数据"的所有制形式就被有效地保护和继承。

网约车的出现，初衷是解决打车难的问题，参与方涉及乘客、司机与平台三方。它实际上是提供两种价值的平台：一是基于大数据自动生成乘客和司机的匹配关系；二是提供一个大家信得过又必须尊重的支付系统。这样带来的变化是此前的司机与出租车公司的关系变为了与平台的关系，并且乘客还可以转换为司机（这里可以称为 Prosumer，既是消费者又是生产者），同时使乘客的体验成为最好的传播，这样生产关系的变化，给出租车行业带来了颠覆性改变。

实际的运营过程中出现了很多的问题，如网约车司机利用外挂进行刷单欺诈等，使许多乘客得不到应该得到的服务，同时平台由于经营的压力（前期烧钱补贴，规模化后技术、营销、风控的支撑成本等），最终这个钱其实是由消费者买单（平台方从交易额提成）。于是当新的生产关系与快速发展的生产力不匹配时，这个中间环节又会面临变革，这个变革能否交给区块链来完成呢？首先，网约车生态链的形成，不再属于一个独立的公司、机构实体，是整个的互联网（公链）。其次，它的信用来自区块链协议本身，并且是在互联网上达成共识，因此中介服务费（平台交易额的提成）也会不复存在。一个最大的变化是新的生产关系已经变成了点对点的连接关系。

这样的状态当然是理想的状态，中间的演变过程可能有多个不同的中心，当不同的中心相互融合后，才会逐渐去掉部分中心。这样改变带来的好处非常明显：第一，降低了交易成本；第二，降低了作弊的风险；第三，去中心化的方式也提高了技术的可能性并且保护了数据的隐私。

通过上述生产关系的逐步迭代，产生了真正的生产性服务业业态——产业边界模糊、生产链条分解、组织形态异化、网络社会崛起。这也是我们前面提出的WiKIT中的"共享主义"——有序、开放、共享。通过这样的"共享主义"，建立了"EOP"。

我们知道，"数字经济"作为一系列的经济活动，数字化最为重要和关键的生产要素就是知识和信息，"数字经济"的重要载体就是现代化信息网络，快速提升效率以及优化经济结构十分重要的推动力就是信息通信技术的充分、有效运用。与此同时，互联网、区块链等各种先进的技术应用，在多种多样的经济活动当中，达到灵活、敏捷、智慧和高效。

我们从数字经济的角度看网约车的案例，发现这样一个现象，大量的异质企业借助互联网、大数据已经通过区块链融合在一起，形成了一种强相关又不是此前公司意义控制关系的融合体，按照一种共识的机制协同运行，成为一种新型的产业生态。

从农耕时代的个体经营，到工业时代的规模化、专业化、公司化，其着眼点是在一家公司经营潜力的挖掘上，即使企业结构化的改造，区域化的扩张，跨行业的产业重组，以及为了本企业（或集团）的利益。在企业的发展方面，存在股权控制、话语权争夺，增大了企业的摩擦成本。即使以一个核心企业打造一个生态平台（就像前面提到的网约平台），重塑一个供应链，要么仍然解决不了这样的摩擦成本，同时企业间的协同也是因为参与感、存在感，由于中心化的原因也将会降低运营效率。解决的办法如下（图3-3-1）：

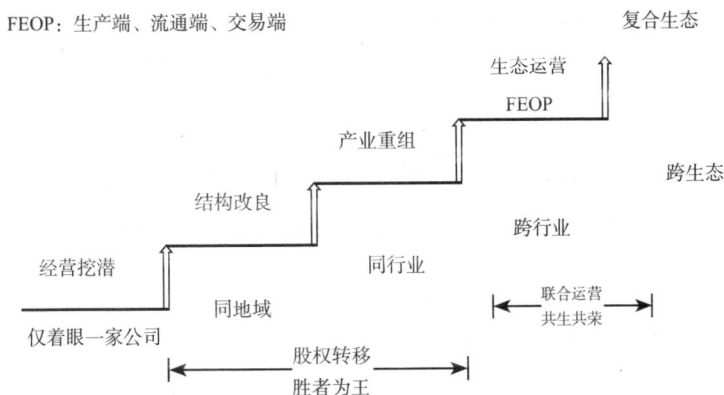

图 3-3-1　FEOP（产业运营平台）

（1）生产端。将互联网、大数据、人工智能、物联网等技术用于产业中，实现产业的数字化，使数据资源能够在企业之间流动起来，协同效率提升，进而按照产业互联网全景图描述的那样，将非标的生产过程和部分或全部产品实现标准化，最终实现个性化定制和社会化大生产。

（2）流通端。对于传统产业在流通领域的创新，虽然人们的视野不约而同地转向了电商销售，但是这样的一个红海已经很少有成功的空间。生产端与流通端的联动，加上互联网金融和金融科技的手段植入进去，加速了从生产端到消费端的快速转化，同时也使得相关企业、组织、个人的诉求得以满足。

例如，某电子产品制造商，将生产的电子产品与个性化的金融理财产品结合起来，用户购买某种电子产品支付全款后，可以得到全款按照一定期限返还，刺激了消费者的购买欲望。这种方式有点类似于产品众筹的变种，大大提高了流通过程对"粉丝"的吸引和转化率。

（3）交易端。要实现从生产端到消费端快速、高效地转换，只靠上面的方法还不够。生产端产品的出产周期与需求方的需求周期可能不完全吻合，这需要通过"交易中心（所）"实现对接，将不同生产周期的产品打包以后在交易中心进行大宗交易，化解了不连续、离散的生产周期风险。

因此，生产端、流通端、交易端聚合形成的产业运营平台就是 EOP，也是我们前面提到的 WiKIT 的落地版。这里面金融科技起着很重要的作用，我们也可将其叫作 FEOP。

当各个细分行业的 FEOP 都成熟后，就可以将各个中心化的 FEOP 进行整合，形成 CFEOP（复合 FEOP），这是一个完美的生态。

如果利用区块链的技术将 FEOP 结合起来，形成协同方点对点的智能合约交易，并将 Token（时间戳）植入其中，可以将现有的货币基金交换模式进行扩展，在当前的法律、法规要求的范围，升级激励机制，并且可以简化交易端的交易成本。

第四章　区块链构建数字时代新框架

区块链技术不仅在大数据与金融领域有着广阔的开发前景，在商业应用以及人们的日常生活中也有着广阔的开发前景，尤其是数字经济时代与共享经济时代，更需要借助区块链去中心化、共识机制、分布式结构以及智能合约的技术，实现真正的数字化社会和共享社会。

本章主要内容为区块链构建数字时代新框架，分别论述了区块链引领数字经济变革、区块链参与物联网架构、区块链创新共享经济和区块链与大数据的融合发展。

第一节　区块链引领数字经济变革

我国正在进入数字经济的时代，区块链技术将进一步推动我国数字经济的快速发展。在数字经济领域中，网络购物、移动支付、共享单车等数字经济模式，已经进入一部分人的生活和工作中，我国也正在从数字经济的跟跑者、并跑者逐渐变成领跑者。

我国数字经济的发展还有广阔前景和领域待开发和使用，区块链技术的开发和应用，有望助力我国数字经济的变革。

一、数字经济逐渐渗入人们的日常生活中

越来越多的中国人，早晨起来的第一件事是拿出手机打开电饭锅的自动煮饭模式，或者是打开咖啡机的自动煮咖啡模式，随后打开微信或者是微博浏览，等到听见电饭锅或者是咖啡机发出"叮"的声音时，起来吃早饭，在吃早饭的时候又拿出手机叫出租车。中午的时候，拿出手机点外卖作为午餐，享受便捷午餐的同时处理微信转账事务、支付宝还款事务，午餐结束的同时，这些事情也结束。

下午要召开会议，又拿出手机预约专车接送服务。像这样的生活方式已经在很多中国人身上实现，表明了我国数字化经济正在快速地发展。

若是将这些数字化的生活用数据进行统计，就能够看出我国数字经济的使用现状。例如，在《中国互联网发展报告2017》以及《世界互联网发展报告2017》当中的相关数据充分显示，2016年我国的数字经济规模总量排名全球第二的位置，其规模达到了22.58万亿元，在我国的GDP当中占据将近三分之一；同样依据以上两份报告，显示在我国的天数字经济使用率非常高，在2016年我国的数字经济每一天产生的百度搜索点击可以达50亿次，每一天支付宝交易的次数也非常庞大，达到了1.75亿笔。22.58万亿元、50亿次、1.75亿笔等这些海量数据，证实了数字经济的强大影响力。

随着区块链技术的进一步发展，我国的微信、微博等已经不仅仅是非常简单的通信软件，在数字经济的影响下逐渐成为一种全新的经济生活方式。移动互联网在先进技术的影响下，数字化应用场景越来越丰富，人们对微信等社交软件带来巨大的数字经济发展潜力深信不疑。

数字经济覆盖的领域越来越多，网络购物、移动支付、共享单车等数字经济模式，正在被我们认可和使用。

二、区块链助力数字经济发展

区块链的最大价值是数据的确权，因为在传统的互联网中无法证明发布的数据是由谁创造的。区块链的不可篡改的特性，可以帮助数据创造者在互联网中确定数据的所有权和价值，这一点就是从数据互联网转型到价值互联网的一个基础。区块链对数字经济的发展具有以下辅助作用。

（1）区块链有助于数据的确权和传输。区块链作为分布式账本数据库，是一种去中心化的分布式数据存储技术，具有很多独特的优势，如数据的确权使用等。

（2）区块链有助于融入众多技术。随着时代的发展，在未来的数字经济时代中，区块链技术也将成为其新型基础设施最为重要的技术基础。区块链技术结合了点对点网络传输等很多先进的科学技术，成功地将物联网、大数据等前沿的信息技术融合在一起，随着数字经济领域的进一步发展，在未来的发展前景极为深远和广阔。

区块链作为第一个大规模实践去中心化模式的先驱，已被写入我国《"十三五"国家信息化规划》，不仅有望成为未来价值传输的互联网基础技术，也有望引领数字经济的变革。

区块链的技术已经被应用到了数字经济领域，区块链技术的发展也使得数字经济作为一种新的经济形态成为经济社会发展的主导，让价值流动更加高效。可以说，区块链技术刷新了互联网的交易方式和交易结构，以去中心化、分布式结构重新定义了整个社会的交易方式和交易结构。区块链技术在数字经济领域，可以得到很多应用。

（1）促进交易信息透明性。我们可以透明、安全、数字化地追踪交易前、交易中、交易后的资产所有权，让交易信息更加透明化。

（2）促进交易信息流动性。应用区块链技术，也让我们的日常支付、股票交易、信用贷款等行为产生明显的流动性变化，为数字经济的发展带来新方式。

其中，在以下三个方向，先进的区块链技术存在一定的可能引领数字经济变革的应用机会。

（1）用区块链搭建共享数据存储网络。众所周知，区块链有着很多先进和前沿的科学技术，如存储数据技术、数字化合约技术等，这些先进的区块链技术充分符合其核心特征。

部署跨主体间的区块链联盟链节点与桥接的过程当中，在先进区块链技术特征的基础上面，运用其技术构建共享数据存储网络，并且该共享数据存储网络是社会化的，存在一定的概率运用客观的技术手段，来完美地解决跨主体的信任问题。

（2）提升交易效率，降低交易风险。与传统的交易方式相比，区块链技术能够做到去中心化，交易过程中数据和价值的传递或转移更加快速和安全。除此之外，商业交易在先进区块链智能合约等多种模式的基础上，不仅能够降低数据核实的成本，以及减少数据核实的众多环节，同时也可以大幅度降低商业交易的各种风险，最终使得商业交易更具确定性。

（3）搭建联盟链，促进供应链数据互通。先进的区块链技术可以搭建联盟链，不仅可以在联盟链当中构建具有数据维护作用的参与规则，同时也可以构建激励机制，为参与的企业和消费者提供更多便利，如图 4-1-1 所示。

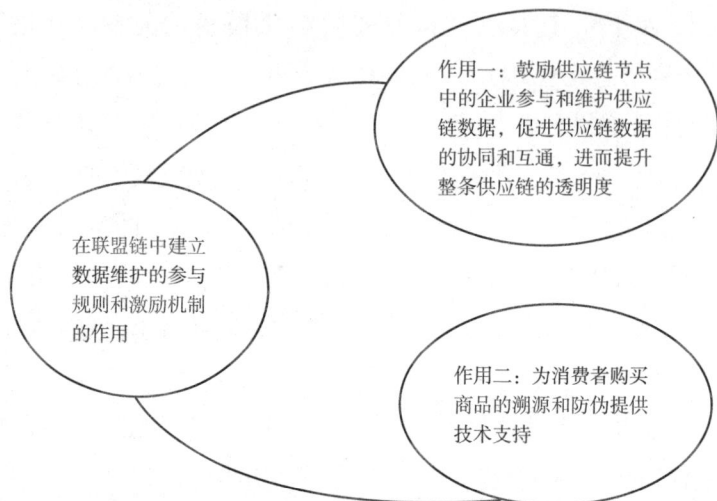

图 4-1-1 区块链技术为企业和消费者带来的便利

运用区块链技术推动大数据的记录、流动和交换，线上的企业与线下的消费者通过联盟链进行数据互通，有利于推动数字经济的进一步发展。

随着区块链技术的进一步发展，数字经济在其影响下也得到了快速的发展，因为数字经济除了被人们认为是近期发展速度最快，以及创新最活跃之外，同时也是辐射范围最大和最广的经济活动，所以作为数字经济发展的辅助技术——区块链，将"互联网＋"、大数据、人工智能等技术结合，进一步助力数字经济的发展和变革，争取早日实现真正的数字经济。

第二节　区块链参与物联网架构

近几年，互联网发展进入"互联网＋"的新形态，这种新形态推动下的"互联网＋各个传统行业"的全新形态，在当前的经济社会中，不仅快速促进了各行各业的发展，同时也为各个行业的改革、创新，以及进一步发展提供了更加开阔的网络平台，增加了改革、创新和发展的渠道。

当前，信息化时代进入空前重要的发展阶段，互联网能够实现"物物相连"，这说明了我们已经进入物联网时代，在这样一个全新的时代，它可以使具有独立功能的所有普通物体，成功实现组成互通互联的先进网络，它通过网络技术将传感器、控制器和客观实体连通起来，实现智能化管理和控制。

人们在全新的物联网时代，此种互联互通的先进网络连接方式，成功实现了数据的流通管理，并且是信息世界的全生命周期管理。与此同时，物联网虽然带来了很多先进的技术，改变了人们的生活，但是同样也存在和面临着很多的问题和挑战，如具有高风险的中心化存储数据，物联网在金融领域应用的高安防成本等，这些问题和挑战随着物联网技术的发展，在未来存在一定的可能成为进一步发展以及应用的阻碍。

未来想要真正实现价值物联网，需要与区块链技术的融合，这里介绍几个已经应用了区块链技术的物联网项目。

一、沃尔顿与"沃尔顿链"

"沃尔顿"三字源于查理·沃尔顿（Charlie Walton），查理·沃尔顿生于美国加州，是射频识别 RFID（Radio Frequency Identification）技术的发明人。射频识别（无线射频识别）作为通信技术之一，不仅能够借助无限电信号对特定目标进行精准的识别，同时也能够读写与其相关的一系列数据。

射频识别技术从概念上来说和条码扫描类似。条码技术就是把已经编码的条形码附在目标物上面，并且在对条形码进行扫描的时候使用专用的扫描读写器，通过光信号成功地把信息传送到扫描读写器上，传送的过程当中借助条形磁传送。

射频识别（无线射频识别）运用了专门的 RFID 读写器和 RFID 标签，通过频率信号把信息传送到读写器，传送的过程当中借助 RFID 标签。

查理·沃尔顿一生致力于研究 RFID 技术，早在 1973 年他就获得了第一项涉及 RFID 技术的专利，并最终积累了 50 余项的发明专利，开创了 RFID 事业的新纪元，对人类 RFID 事业的发展做出了卓越贡献。

如今，RFID 技术在全球得到了普遍的应用，从身份识别到高速路计费再到手机支付、信用卡支付等，到处都有 RFID 技术的身影。

2011 年 11 月 30 日，查理·沃尔顿离世，在 2016 年 11 月 30 日，查理·沃尔顿逝世 5 周年的时候，为纪念这位伟大的 RFID 技术的发明人，特订立本项目以查理·沃尔顿的名字将其命名为"沃尔顿链（Walton chain）"。

相对来说"沃尔顿链"对保障交易数据的安全性有借鉴作用。这主要得益于"沃尔顿链"的交易流程中引入了区块链技术，即"沃尔顿链"总共发行 1 亿个，在创世块中被创设，然后按既定的方案分配到各账户，在之后的交易中总量保持不变。通过去中心化网络，更多的账户将通过节点被创建，"沃尔顿链"交易也将在账户间大量进行。每隔 60 秒，当前时段发生的交易将被记录到区块，链接到前一个区块，形成沃尔顿母链，作为 WTC 交易的公共账本，分布式存储于网络中的各个节点，保障交易数据的安全可靠。

二、"沃尔顿链"与价值物联网

2018 年 1 月 28 日，"沃尔顿链"项目主办了"物联革命，芯享未来"区块链应用趋势展望论坛，在此次论坛上，各方专业人士就区块链未来应用前景发表了自己独到的见解，并对价值物联网开创物联网发展进行了设想和预想。结合该论坛的主要内容，本书进行引用和分析，进一步理解区块链技术在价值物联网上的应用。

"沃尔顿链"借助射频识别芯片构建底层硬件平台，并且把现实世界当中的实体标签，如物品标签、事件标签等，成功和互联网的虚拟世界进行有效连通，同时充分结合传递有效价值，以及构造信任的区块链技术，将区块链技术作为纽带和桥梁，从而真正实现万物互联。

随着区块链技术的进一步发展，区块链物联网的领导者"沃尔顿链"提出了"价值物联网"，这一全新概念的提出有着十分重要的划时代意义。"沃尔顿链"随着技术的发展在未来构建的商业生态将极为诚实可信，并且企业能够充分依据自身的应用需求，构建符合自身应用需求的不同样式子链。

其中，在这条商业生态链当中任何数据不仅真实可信，无法篡改，同时也带有时间戳，这些都是商业生态链的主要特征，并且也只有这样才可以真正建立起诚信、真实以及十分可靠的商业生态圈。价值物联网的整体系统主要包括两大部分。

（1）软件设施包含"沃尔顿链"的软件系统、智能合约与 Walton coin。

（2）硬件设施包含 RFID 标签芯片部分和 RFID 读写器芯片部分，RFID 标签作为所有资产上链的接口，读写器部分是所有资产上链的桥梁，并可作为链上的一个节点。

通过软件设施与硬件设施的结合，能够让价值物联网实现万物上链，所有资产的数字化。

"沃尔顿链"作为区块链物联网的领导者，提出了"价值物联网"的概念，同时还推进区块链技术由互联网向物联网贯通，打造真实可信、可溯源、数据完全共享、信息完全透明的商业模式。为了实现这一设想，"沃尔顿链"提出了四个阶段性规划。

（一）"沃尔顿链"项目 1.0 阶段

"沃尔顿链"已经开发出基于 RFID 技术的服装系统集成方案，此方案在才子服饰、卡尔丹顿等企业进行了试点应用，并研发拥有自主知识产权的 RFID 信标芯片，芯片在传统 RFID 芯片上创新地集成非对称加密算法，希望实现物联网与区块链的完美结合，目的是解决传统服装行业从仓储、物流到门店、售后中出现的问题。

（二）"沃尔顿链"项目 2.0 阶段

通过"沃尔顿链"灵活强大的 Token 创建和交易功能，能够实现智能积分系统，将支付、赠送、同币交易、跨币交易的完备功能结合在一起，同时通过优化的区块链数据结构设计，实现商品采购、配送、入库盘点、出库、门店、上架盘点、销售、客户购买、客户评价、客户售后完整信息上链。

若是将 Token 创建、交易功能与区块链数据结构相结合，"沃尔顿链"项目 2.0 阶段有利于客户、商家和物流三个主体的发展。

若是将 Token 创建、交易功能与区块链数据结构相结合，客户能够对商品进行追溯；商家也能够实现自动化管理，全面掌握市场动态；物流行业能够实现自动化管理的信息平台，打造真正的上门提货、定价出单、包装入库、分拣配送、仓库管理、分拣派送、客户签收、客户评价反馈的完整业务流程，真正地实现客户、商家、"沃尔顿链"三赢战略。

（三）"沃尔顿链"项目 3.0 阶段

这一阶段的目的主要是实现智能化管理，这一阶段主要分为以下几个流程：

（1）将数据结构引用到区块链上。

（2）利用 RFID，保证信息的可靠。

（3）区块链的公开和可追溯性，追踪信息来源。

（4）区块链记录生产业务流程。

根据上面的流程，首先将"沃尔顿链"技术应用到所有的产品生产厂家，从而实现智能包装和产品可溯源定制，此时将描述产品生产周期信息的通用数据结构高效写入区块链，并利用可编的特点，对不同类型产品进行定制化数据结构设计。

其次，结合 RFID 身份识别，保障上链信息的真实可靠，使这些信息覆盖原材料采购、生产操作、组装操作、产品包装、产品库存管理的完整环节。

最后，利用区块链的公开和可溯源特性，鉴别产品的原材料来源、生产品质，追踪质量问题的源头，对于消费者来说能够消除产品伪造的可能性，打破信息屏障；对于产品生产厂家来说，通过区块链对生产业务流程信息进行规范可靠的记录，能够为他们提供低成本的数据信息解决方案，从而实现智能化管理。

（四）"沃尔顿链"项目 4.0 阶段

随着资产信息采集硬件的升级，区块链数据结构的完善，未来可以将所有的资产登记在"沃尔顿链"上，解决所有资产归属、物品溯源、交易凭证的问题。同时，沃尔顿链将成为价值物联网的基础设施，改变人们现有的生活生产方式，实现真正的物物相连。

据"沃尔顿链"介绍，实现价值物联网将打造现有商业的全新生态，这基于区块链与物联网的有机融合；推进区块链技术由互联网向物联网贯通，打造真实可信、可溯源、数据完全共享、信息完全透明的商业模式，依赖于 RFID 技术与"沃尔顿链"的结合。

由此可见，想要实现真正的物联网，还需要将区块链技术与物联网进行深层次的融合创新。

第三节　区块链创新共享经济

从共享租车滴滴，到共享短租 Airbnb、共享办公 WeWork，共享经济正在快速地渗透到人们生活的每一个方面。

而区块链的诞生，不仅能推动普惠金融的大步向前发展，也将重新缔造一个崭新的共享经济。

一、区块链拓宽共享领域

区块链拓宽共享经济的领域，总体来说可从以下两方面进行深层次的开发。

（一）智能合约技术

智能合约技术除了可以在满足某项条件的时候自动执行操作之外，同时也可以"共享"更多不同的商品，从而使契约建立成本和契约执行成本大幅度降低和缩减。

例如，国内著名的网络集团腾讯在2014年发布了《腾讯区块链方案白皮书》，其主要目的是能够和合作伙伴一起推动和促进可信互联网的进一步发展，从而打造区块链的共赢生态。

在数字经济时代，腾讯区块链将以高性能、高安全性、高速接入、高效运营等核心优势，在众多领域具有极为多样化的应用前景，如共享经济、智能合约等。

（二）去中心化技术

信用问题虽然是共享经济极为重要的问题之一，但是随着区块链去中心化技术的发展，将用户的信任问题完美地解决，避免和减少了共享经济的用户信任障碍问题。

例如，买家和卖家在进行电子商务等交易行为的时候，都是建立在相互信任的基础上。只有买家与卖家之间建立信任，才能推动交易的顺利进行，也就是说一个卖家需要与不同的买家建立信任，当然一个买家也需要与不同的卖家建立信任。

区块链技术的应用和分散化信任，比传统电子交易模型中买家与卖家之间的信任要强大很多，在今后的区块链服务中，尤其是电子商务领域将被更广泛地运用，甚至个人与个人之间可以不经过第三方直接互联、共享以及相互交易，作为一个平台，不仅可以实现对等交易，同时也可以实现共享经济，对未来的数字经济发展有着极为重要的作用和意义。

共享经济在先进区块链去中心化技术的推动下，在未来共享经济随着数字经济的进一步发展将在各个领域快速发展和爆发，以Airbnb为代表的共享平台只是共享经济发展的初级阶段，区块链将真正把共享经济推向新高峰，给全社会带来更多普惠价值。

二、将区块链技术应用到共享经济的案例

将区块链技术应用到共享经济的公司有很多，这里要介绍的是21Inc，分析21Inc如何将区块链技术完美地应用到了共享领域。

21Inc作为一家区块链创业公司，主要业务就是提供一款嵌入式芯片Bit Share，允许用户使用智能手机和其他互联网设备进行比特币挖矿。

此后，统一推出了新产品Ping21，这是一个全新的技术概念，如图4-3-1所示。

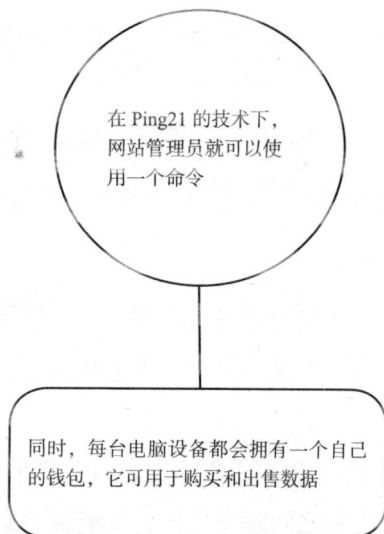

图4-3-1　新产品Ping21

基于Ping21技术，用户通过利用统一推出的微支付市场，不需要支付昂贵的包月费，客户端只需要向网络提交一个请求，Ping21服务的比特币电脑会自动执行ping操作，检查网站，收集任何有必要的数据，并将这些数据提交给用户，最后用户可以使用比特币付款。

2015年10月，21Inc推出比特币电脑并在亚马逊开售，用户仅需支付399美元，就可以购买到这款装载着定制芯片的小型比特币电脑，并可用其生产比特币。

21Inc公司表示，有了这个交易平台之后，经济活动的发生就不再需要用户持有银行账户，或在交易过程中使用政府支持的货币，让用户与用户之间的自由交易变为可能。

该公司的工程师对交易原理进行了介绍，即机器到机器端之间发送和接收比特币的能力具有潜力解锁一种新型的"机器经济"，其中机器能够定期地将数据和服务交易量化为比特币。通过使用比特币微交易来激励机器操作者，21Inc公司就可以得到世界各地非常准确的实时网络状况数据。

21Inc的终极想法并不是这个，是把具有上述功能的芯片嵌入智能手机，到时候WiFi分享就可以使用21Inc的技术，也就是说当进入某个公共区域时，不用刻意询问免费的WiFi密码，安装在手机的芯片会根据周围可提供的愿意分享自己WiFi流量的号码自动登录，并根据使用的时间和流量收费。

第四节　区块链与大数据的融合发展

一、区块链融入大数据的积极影响

大数据虽然仍处于初期发展阶段，但经过一段时间的沉淀已经发展成为相对比较成熟的互联网技术。因此，以大数据为基础载体，将新兴的区块链技术融入大数据中，将为目前大数据行业带来一些积极影响。

（一）区块链去中心化、自治性的特征解决信息孤岛问题

数据流通是大数据产业发展的关键。区块链不依赖第三方管理机构或硬件设施的去中心化特征，以及由对"人"的信任问题改成了对机器信任的自治性特征，有效解决了大数据信息孤岛的问题，使信息可以公开、透明地传递。区块链能规范数据的使用，明确数据授权范围，并且数据脱敏后一定程度上减少了数据拥有者的顾虑，更易于数据的开放流通。

（二）区块链多方共识的记账特点增强了数据的存储质量

先进的区块链作为分布式数据库，不仅由多方共同记录，同时也由多方共同维护，无论是数据记录，还是数据存储均由每一个交易节点来进行共同的维护，只有在所有参与者的意见统一之后，才代表着信息在网络当中真正地通过了验证，并且达成了共识。众所周知，区块链有着很多先进的技术，其中去中心化的特点，充分保证了单一节点无论是数据的修改，还是数据的调整，都不可以随意进行，

从而使制造错误数据的可能性大大降低。先进区块链的众多技术使得数据的质量变得极高，也正是因为如此数据质量得到了强大的信任背书，不仅使得数据分析结果的正确性得到了很大程度的提高，同时也提升了数据挖掘的效果，将大数据预测分析能力真正地发挥出来，对大数据的发展有着重要的影响。

（三）区块链利用密码学和分布式技术保护用户的隐私安全

先进的区块链有着可信任、安全以及不可随意篡改的重要特性，这些重要特性不仅解放了很多数据，也让这些数据和以前相比变得更加安全。与此同时，数据的私密性在先进区块链的数据脱敏技术上面得到更加充分的保障，该技术主要运用了哈希处理等众多加密算法，除了可以保护个人隐私之外，也可以有效地防止众多重要的核心数据被泄露。与此同时，区块链的分布式数据库，把大量的数据经过一系列的操作之后，统一存储在去中心化的区块链上面，真正实现了在数据分析的时候，不需要对原始数据访问就可以进行，在保护了数据隐私的同时，又能够在提供给相关机构或者人员研究使用的情况下保证一定的安全性，将数据的价值充分地发挥出来。

（四）区块链的链式结构具有可追溯性，有效解决数据权属问题

数据作为资产之一，和其他资产相比较有着一定的本质区别，因为数据具有可复制性，存在数据所有权不清晰的潜在威胁，所以在大数据的流通当中，数据复制将成为非常大的阻碍。区块链的去中心技术，可以完美地解决这一潜在威胁，只要生产者的数据传送到区块链上面，那么产生的印记就会永远跟随生产者，无论是经过数次的复制，还是多次的转载，数据接收者对数据本身以及交易情况，都可以通过记录来溯源。区块链不仅使得数据生产者或者拥有者的合法权益得到了充分的保障，同时也对构建可信任的数据资产交易环境创造了很好的条件。

（五）区块链的可追溯性和不可篡改性有助于数据价值的准确衡量

区块链数据定价模型需要综合考量数据的多个要素，如基础价值、数据的时间、数据的使用历史、数据的使用频次以及特定使用中的价值等。区块链的可追溯性和不可篡改性能够清晰记录每条数据的产生、流通、交易、使用的全部历史过程，对各方贡献的大小和使用场合清晰可见。通过区块链记录数据多维度标签，

有助于设计出更灵活的数据定价模型。如果数据源较多，可以根据每条数据在交易市场的活跃度和发挥的总价值进行加权分布式定价。

二、区块链与大数据的融合发展分析

（一）大数据是生产资料的变革，区块链是生产关系的变革

随着科学技术的发展，很多先进的新兴技术，如大数据、区块链、云计算等都是相互关联、促进，以及相辅相成的。其中，大数据和云计算分别是基础的资源和设施，并且人工智能充分依托于大数据的基础资源，以及云计算的基础设施，进一步推动各行各业不断向着智能化时代发展。区块链作为分布式数据库不仅为各类业务的基础架构创造了有利条件，同时也为交易机制的有效变革创造了很好的条件，从某种程度而言这些都是在数据资源以及计算分析能力的强有力支撑下完成的。大数据和区块链从未来发展的趋势来看，它们在实际应用的过程当中两者之间的关系将变得更加紧密，并且两者之间的技术边界感也将逐渐减弱，未来的技术创新随着时代的发展和科技的进步，将更多地集中在技术交叉领域以及技术融合区域。

（二）区块链作为技术一定程度上改善了大数据发展过程中的问题

大数据在发展过程当中会遇到各种各样的问题，区块链的众多先进技术可以解决大部分的问题。将区块链和大数据两者结合在一起，不仅摆脱了数据孤岛的尴尬状态，也使得数据的真实性以及可靠性得到保障，同时通过区块链技术运用私钥签名验证的方式，使得数据的安全性得到了一定的保障。除此之外，数据在流通的过程当中遇到的很多问题和难点，也得到了比较明显的改善，使数据流通效率得到了大幅度的提升。

（三）大数据作为资产更好地发挥了区块链的价值传递

任何资产被数字化之后，借助先进的区块链技术就可以在区块链平台上面进行注册、确权认证以及交易，无论是资产的所有者，还是资产的购买者，都可以借助私钥的转移来完成两者之间的交易，大数据作为资产也可以进行同样的操作。

（四）区块链和大数据的融合推动数字共享经济的发展

数字共享经济是依托大数据、云计算、物联网、区块链等新兴技术，将社会资源和要素重新组合并高效利用，打破时间和空间的限制，充分发挥了其在经济建设和生产中的作用，实现了社会效益的最大化。区块链技术与大数据技术的融合一方面解决了当前大数据技术发展的瓶颈，另一方面使得社会资源的分配更加合理，信用体系更加完善，信息更加准确，为共享经济的快速发展起到了推动作用。

第五章　区块链推动产业数字化

区块链是数字经济的基石，为数字社会带来效益提升和成本降低的技术手段。本章主要内容为区块链推动产业数字化，主要介绍了数字经济下的产业数字化发展、区块链赋能实体经济发展和区块链提升民生领域信息化成效。

第一节　数字经济下的产业数字化发展

数字经济是继农业经济、工业经济之后的新经济形态，数据是数字经济发展的关键生产要素，并在整个经济链条中发挥基础性作用。数字经济的发展推动人类社会生产方式和生产结构的变革，数字科技的创新加速了经济社会形态和运行模式的变革。在数字经济发展的大背景下，传统的产业发展需要借助数字技术和数字基础设施进行数字化转型升级以提高产业竞争力。

关于产业数字化的概念，欧盟委员会认为产业的数字化转型应该让技术为人服务，打造公平和有竞争力的经济环境，实现开放、民主和可持续发展的社会。中国信息通信研究院认为产业数字化是传统的第一、第二、第三产业，因为大量运用了数字科技，所以才最终使得生产的数量和效率得到快速提高，并且新增加的产出部分从某种程度而言是构成数字经济极为重要的组成部分。

随着数字经济的发展和科技进步，产业数字化的发展在其影响下主要表现在三个方面：一是对传统产业的升级和改造，二是促进新兴产业的形成，三是对需求端进行重塑。

（1）数字经济对传统产业的升级和改造。高渗透性是数字经济的特点之一，数字的技术、服务以及信息通过互联网等不同的方式，逐渐渗透到传统产业当中的各个环节，除了快速提高产业的效率之外，也可以使产业的数字化水平得到快速提升，同时促进和推动传统产业快速完成数字化改造，从而真正实现产业结构的优化升级和进一步改造。传统产业的生产方式也在数字经济发展的影响下逐渐改变，不断向着智能化以及个性化的方向快速发展，并且在传统产业生产的过程当中将数字技术以及先进的智能设备应用其中，无论是传统产业的劳动生产率，还是传统产业的资源利用率都可以得到提升，同时也可以促使传统产业的智能化以及数字化水平得到快速提升和发展。

（2）数字经济促进新兴产业的形成。随着数字经济的快速发展和科学技术的进步，数字技术在此背景的影响下逐渐成熟完善，与此同时产业分化在数字技术的创新和变革影响下速度加快，产业和产业之间的融合进程也大幅度地提升，从而形成全新的产品、服务、业态以及模式，企业的生态也得到了重新构建。先进的数字技术不仅可以突破产业与产业之间的边界感，也可以促进和推动产业之间的快速融合，这是数字经济对新兴产业促进作用最为主要的表现。同时，数字经济所具有的高创新性，以及超强的渗透性，能够加快产业之间的融合渗透速度和进程，从而形成全新的模式和生态，推动产业结构的调整和完善。除此之外，数字技术可以使得上游企业和下游企业的融合速度加快，除了能够形成全新的生产类型和全新的部门之外，从某种程度而言也可以增加产业的层次。

（3）数字经济重塑需求端。无论是传统的消费习惯，还是传统的消费方式，都随着数字经济的快速发展做出了相应的改变，重塑需求端实际上为相关产业的进一步发展带来了很大的市场需求，并且产业结构也在市场需求的驱动下发生相应的变化。随着数字经济的快速发展和科技的进步，数字经济产业的发展在其影响下运行效率得到了较大幅度的提升，同时无论是产业生产成本还是经营成本都有了一定的缩减，从而使产品的价格也得到了降低。产品价格的降低，可以快速提升在同类行业当中的市场竞争力，刺激消费者的消费需求，从而进一步带动相关产业的发展，以及相关产业结构的调整。

第二节　区块链赋能实体经济发展

一、区块链促进物流业信息化发展

（一）物流业信息化发展现状

物流主要指的是某一物品的实体流动，并且该实体从供应地向着接收地流动的时候充分依据实际需要，把各种不相同的功能，如运输、包装等巧妙地结合在一起，最终实现用户要求的完整过程。物流业是物流资源产业化形成的一种复合型或聚合型产业，是一个涉及运输业、包装业、配送业、仓储业、物流咨询服务业、物流研究和物流装备制造业的综合性服务产业。随着经济和技术发展的物流业，逐渐具有网络化、专业化、信息化、标准化、集约化和协同化的特点。

我国的物流业相较于国外发达国家发展较晚，进入21世纪以来，国内物流发展迅速，物流业经过多年的发展，不仅成为我国国民经济的重要支柱产业，同时也成为我国极为重要的现代服务产业。随着数字经济的发展和科技的进步，我国的经济发展方式在其影响下发生了改变，产业结构的优化升级，数字信息技术的进一步发展，以及国家对物流业颁布的相关政策，促使我国的物流业不断发展。

社会物流需求总量虽然保持平稳增长的趋势，但增速有所趋缓。从总量来看，2019年我国（不含港澳台）社会物流总额达到298万亿元，增速方面，2019年全年社会物流总额同比增长5.9%，增速比上年回落0.5%。由于我国近年来进入经济转型时期，经济增长保持稳定增长仍会拉动物流行业的刚性需求。2020年1~7月，全国社会物流总额为149.7万亿元，同比增长0.5%。物流需求结构优化调整，新产业、新模式形成的新动能推进物流业出现新变化。2019年，直播电商、社交电商等新业态的快速发展，推动了对物流的需求。

物流技术水平有所提高，物流行业信息化建设使得物流集成化和自动化水平有较大的提升。高速公路、铁路、港口等物流基础设施完善。物流业与众多新兴的信息网络技术，如大数据、区块链等进行不断的相互融合，同时物流业也快速向着智能物流的方向发展，软件系统也真正实现了ERP系统的集成化，并进一步发展到供应链管理一体化。无人驾驶技术、立体仓技术、无人仓技术、自动存储和自动分拣技术、及时配送等技术应用在物流业中。

根据中国物流与采购联合会的统计结果，2019年国务院及有关部门出台的物流相关政策文件超过100个，范围涉及物流业多个领域和重点环节，包括推动物流高质量发展，降低物流成本，调整运输结构，强化物流基础设施建设，高速口、运输车辆治理，加快农村物流发展，加强物流安全管理，推动物流智能化发展、协同发展和绿色发展等。同时，我国的交通运输部门在2019年11月，正式印发了《推进综合交通运输大数据发展行动纲要（2020—2025年）》的通知，旨在深入贯彻落实习近平总书记关于网络强国的重要论述和国家大数据战略部署，积极推进交通运输治理体系和治理能力现代化，提升综合交通运输服务水平，加快建设交通强国。

（二）物流业信息化存在的问题

1.信息泄露的风险

在物流运输之前，用户需要将个人信息填写完整，随后个人信息会存在于运输、周转以及配送整个物流过程中，因此会有信息泄露风险，使用户难以保护个人信息。用户个人信息被泄露也可能是因为存在企业或个人买卖用户信息，侵害或诈骗用户个人利益的非法行为，给用户的合法信用权益和财产造成损失，甚至危及公众和社会安全。

2.物流征信无标准

物流业在征信方面没有形成标准的信用体系，信用体系不健全。完整的物流生态中存在大量的信用主体，包括个人、社会和物流设备等。当前，大多数物流企业需要解决的问题是如何在信用主体间构建高信任的生产关系，原因在于诚信的环境能促进优质企业的发展，保证行业健康发展。

3.物流金融难获得

在整个物流产业链中存在很多企业主体，其中也包含很多中小微企业。中小微企业的资产规模有限，企业的信用等级也较低，有的企业甚至没有信用评级，因此在进行企业融资时，很难让银行或其他金融机构相信这些企业的还贷能力，所以难以获得融资和贷款服务。

4.物流溯源难保证

商品在整个物流传输过程中可能存在货物无法溯源的风险。首先，当产品出现质量或者安全问题的时候，无法保证商品当中某一方提供信息的真实性，此时很难对责任的主体进行准确的判断，无法有效地追踪溯源，进而产生信息不通，以及监管不及时的不利现象。其次，当物流活动存在一定非法交易行为的时候，虽然可以查出存在问题的货物，但是监管部门和公安系统很难对填写虚假发件人信息进行追根溯源。

（三）区块链技术在物流中的作用

1.区块链能防止物流信息泄露

物流链条上面的所有数据信息通过先进区块链的众多加密技术，如对称机密、零知识证明等，经过一系列的操作之后被保存于区块链当中，并且这些数据信息无法在区块链上面篡改，这样不仅可以实现数据之间的共享，同时也可以充分保证物流主体个人信息的隐私，从而使物流数据的安全性得到保证，使物流信息免除被泄露的风险，个人权益得到保障。

2.区块链能建立良好的物流信用生态

区块链的分布式账本、加密计算、点对点传输等技术，能避免被恶意篡改账本，并重新构建产业链条中参与主体之间的社会信任机制，让多方参与者在没有中介机构的情况下进行安全的信任化交易，尤其是在需要多方参与协同的物流领域中。区块链技术可以创建信任优势，确立征信体系信用主体，以信用主体为中心采集可信交易数据，促使各个物流企业成立人员征信平台，并可以制定出物流从业人员信用评价体系及考核标准，真正建立以数据信用为主的物流信用生态。

3.区块链可以帮助中小微物流企业提高融资能力

基于区块链上可信任的存证数据，如企业的固定资产、应收账款等，企业可以向金融机构证明交易的真实性，帮助企业解决融资难问题。金融监管部门可以作为物流金融联盟链中的监管节点，帮助企业规避金融风险。区块链技术应用到仓储方面，可以搭建数字仓单，基于区块链不可篡改的特点，避免人为造假的风险，为链上的参与主体提供信任。

4.区块链可以实现物流中的溯源监管

区块链在对等网络环境下，通过透明和可信规则，构建可追溯的块链式数据结构。区块链技术、物联网和云计算等技术结合可以搭建区块链商品溯源平台，制造商、分销商、零售商、消费者和监管部门在互信的基础上，通过平台中进行信息共享，同时商品的制造、运输、存储、分销的全周期流转过程全部实现可视化，基于区块链保证数据真实性的特点，提高查询效率、监管力度，保证物流链条的整体效益。

（四）区块链促进物流业信息化发展的表现

1.物流信息追溯

区块链技术的物流信息追溯系统是去中心化的分布式数据存储技术，所有数据信息都会存储在多个节点或全部节点中，保证交易数据的真实性和透明化，防止交易数据被篡改，自然地建立起安全无中心的信用体系。先进的区块链技术可以将各个环节，如产品、校验等紧密地连接在一起，把产品的详细信息传输到区块链上面，记录产品生产、运输等完整过程的真实情况，使整个流程实现真正意义上的透明化和公开化，从而有效地提升产品安全的质量。与此同时，数据通过区块链分布式账本，以及不可以随意篡改的特性，充分保证了真实可信度。除此之外，也可以通过区块链技术建立全程追溯功能，如原产地、生产环节追溯等。基于区块链的物流溯源业务架构如图 5-2-1 所示。

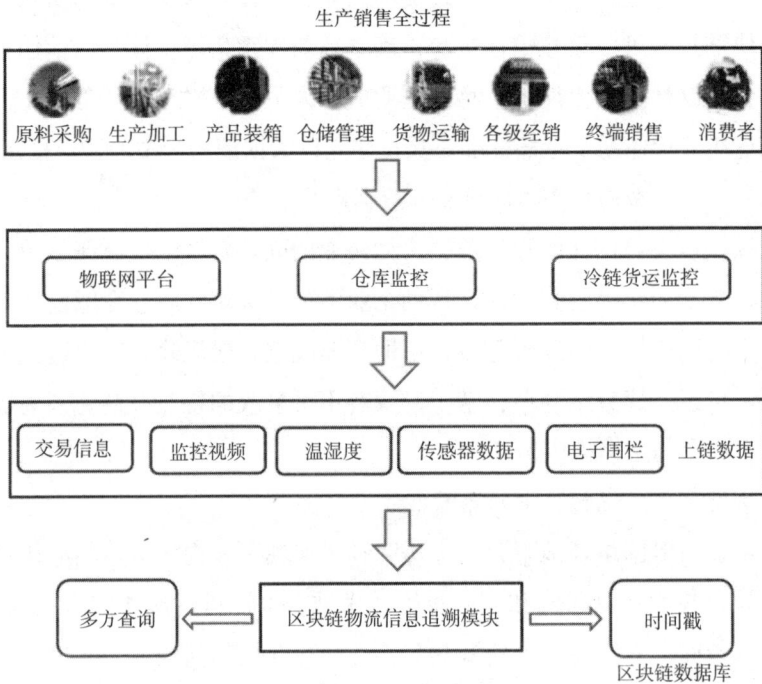

图 5-2-1　基于区块链的物流溯源业务架构

2. 物流征信

区块链技术可以构建信用主体，围绕主体累积可信交易数据，联合物流企业共同建立区块链征信联盟，构建物流行业从业者的信用评级标准，形成以数据信用为主的物流信用生态。区块链技术可以为每个参与主体专门构建一个数字身份，该数字身份将关联到权威证书颁发机构（CA），因此数字身份在参与社会活动时具有法律效应，通过信用钱包对数字身份关联的属性定义，并运用权威机构背书。区块链技术可以建立物流行业征信评级标准，物流行业的信用评级标准需要行业内所有企业的共同参与，同时借助先进区块链的智能合约编写评级算法，并且在联盟链当中发布出来，在评级的时候充分利用账本上面真实的交易数据来进行。区块链的自治性可以使系统在无须人为干预的情况下自动执行评级程序，采用基于联盟节点之间协调一致的规范和协议，使整个系统中的所有节点都在信任的环境自由安全地交换数据。基于区块链的物流征信架构如图 5-2-2 所示。

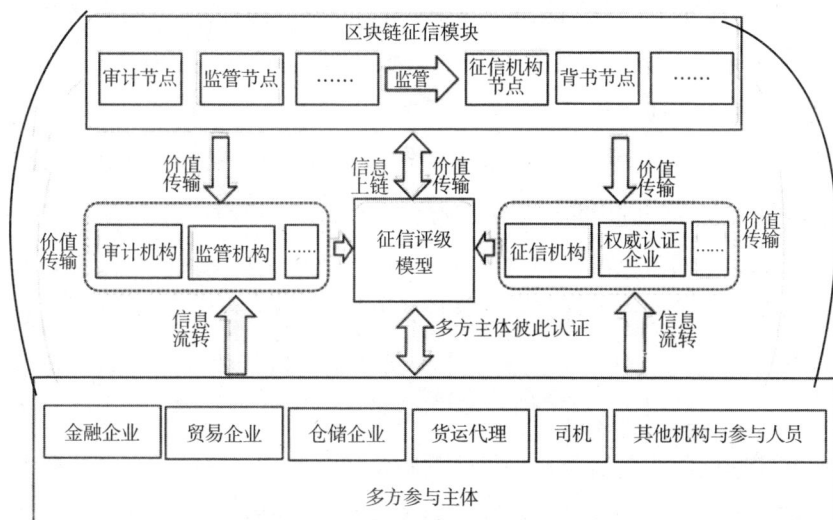

图 5-2-2　基于区块链的物流征信架构

二、区块链推动制造业转型发展

（一）制造业转型现状

制造业不仅是工业的重要组成部分，也是实体经济的重要支柱，国家经济的发展需要制造业的支撑。中华人民共和国成立 70 多年来，从一个农业大国发展到世界最主要的加工制造业基地，拥有完整的产业体系和完善的产业设备。我国从 2016 年开始正式推行供给结构性改革，并且制造业在此影响下进入了发展的全新阶段。2019 年，我国制造业增加值增速呈现"稳中趋缓"，根据国家统计局的数据，2019 年我国制造业增加值为 269175 亿元，同比增长 5.2%。我国到 2020 年 5 月一共建成了 16 个国家级制造业创新中心，并且这些制造业创新中心一共涉及 5 领域，一是基础材料，二是核心器件，三是重大装备，四是关键工艺，五是软件。制造业是无法单独发展的，需要企业、行业以及政府三者共同合作，只有这样才可以将优势更好地发挥出来，从而最终使我国在全球产业链当中的地位快速地提升。"十四五"时期，全球产业链布局和贸易格局调整，我国制造业发展进入从规模增长向质量提升的重要阶段。

智能制造提高生产效率。众所周知，智能制造的核心和重要载体就是智能工厂，将全生命周期的众多重要相关数据作为基础，把生产过程拓展到生命周期。智能制造极为重要的软件基础就是工业软件，它可以将智能制造的不同环节以及板块紧密地连接在一起，是两者连接的关键。智能工厂无论是在生产制造环节，还是在品控环节，都通过数据优化生产计划以及生产实践，对订单当中产生的变化和故障采取灵活应对的方法，从而使生产效率快速提升。除此之外，智能工厂还通过多种手段和方法对产品的质量进行有效监测，不仅对产生的故障可以快速、及时地进行处理，同时也可以高效率地完成产品质检，从而大幅度地提升产品的质量。制造业在数字技术以及数字经济快速发展的时代背景下，不断向着数字化以及智能化方向努力，从实际意义上来说是我国制造行业未来发展极为重要的趋势。

工业互联网可以为制造企业提供转型新路径，基于互联网的分布式研发可以推动研发模式由串行异构向并行协同，利于企业缩短研发周期。制造企业依托工业互联网平台，对产品全生命周期实时监测，支持远程运维、故障诊断等增值业务。工业互联网生态中包含金融企业，企业可围绕产品探索融资租赁、供应链金融等新服务。站在行业的角度来看，在制造业最为主要的工业门类当中，工业互联网可以说是已经全部覆盖，并且还在不断向着能源、医疗等领域拓展，尤其是在企业应用了之后无论是提升产品的质量，还是降低企业成本以及增加企业效益，成果都非常明显。站在区域的角度来看，我国在其影响下已经形成了多个产业集聚区，如长三角、京津冀等。除此之外，工业互联网在积极应对新冠肺炎疫情的过程当中，在物资保障、复工复产等众多方面起到了极为重要的支撑作用。

绿色制造业在我国可持续发展的深入影响下得到了快速的发展，绿色制造作为一种全新的现代化制造模式，不仅对环境影响进行了全面的考虑，同时也对资源效益进行了综合考虑，并且还将两者充分结合在一起进行了深入的思考。我国的绿色制造体系正在逐步建立，包括绿色设计产品、绿色工厂、绿色工业园、绿色供应链等。制造企业也将从绿色制造实践中获得可观的财务和环境利益。

（二）制造业转型存在的问题

1. 生产设备管理问题

设备是企业生产的基础，如果没有对生产设备进行及时有效的管理，可能会因为生产设备突然出现问题影响生产计划的进行。制造企业在数字化转型改造和升级的过程当中，由于对改造和升级的技术没有深刻的理解和认识，因此存在一定的可能性出现各类系统急急忙忙地上线和走形式主义的错误误区，从而无法充分发挥和利用生产设备的优势，以及无法对设备的状态进行快速、有效的管理。同时，在生产的过程中也会出现设备故障，造成非计划停机等一系列问题，严重影响企业的生产计划。

2. 数据孤岛问题

制造业在数据方面存在很多问题，其中比较明显的问题就是企业内部设计的信息与制造系统的信息无法同步更新，两者不仅数据整合困难，同时两者之间的业务也很难做到协同，这些问题使得企业数据的一致性以及信息实时共享很难得到保证。制造企业的自动化孤岛问题，从某种程度而言是没有对自动化生产线进行统一的有效规划。系统与系统之间的数据无法进行及时有效的交流和沟通，造成数据闭塞，企业想要有一个全面充分的认识和了解，只有通过传统的手段，使系统与系统之间的数据进行交互，这样不仅增加了质量隐患，同时也浪费了很多没有价值的活动，从而最终使企业的生产效率极为低下，企业也没有真正形成自动化和智能化的监管。

3. 网络信息安全问题

制造业数字化后的网络信息系统实现了虚拟空间和实体经济的交织，使网络安全隐患延伸到了制造环节，因此必须进行网络安全技术的创新。制造业控制系统存在安全漏洞，且漏洞的成因多样化特征明显，存在极大的信息安全风险。制造业的数据资源具有体量大、种类多、价值分布不均等特点，在制造业进行数字化转型升级和设备改造过程中，可能存在用户信息、企业生产信息等敏感信息泄露的危险，数据交易权属界定不明确、监管不足等问题依然存在。制造企业进行工业互联网建设实现数字化转型，工业互联网数据种类和保护需求多样化，数据流动方向和路径复杂，也会导致数据泄露。

（三）区块链在制造业中的作用

区块链的公私钥机制可以为工业设备提供可信标识。在先进的区块链技术当中无论是公钥机制，还是私钥机制，均可以和工业设备标识完美结合，同时对先进区块链当中的公钥和私钥进行统一的分发、管理，以及权限设置，从实际意义上来说可以为工业设备提供极为可信的标识认证。企业在对生产设备管理的过程中，通过先进的区块链技术，不仅能够对生产设备核心的重要参数实时监控，同时也可以把数据共享到众多机构，如企业相关部门、政府监管部门等，以便于信息共享以及综合评估。

利用区块链技术建立分布式多冗余的数据存储机制，能够对研发数据、设备管理数据、工业生产数据进行安全化存储。加密技术能够防止数据泄露，且难以被破解。区块链技术可以看到文档和流程链，供应链上的合作伙伴可以在任何阶段对产品和流程的真实性进行检查。每一笔交易活动都可以进行审计和追踪，在分布式网络中攻击单个节点是没有意义的，区块链中每一次数据的存储或插入都会创建一个新的区块，当黑客入侵时也会创建新的区块，并容易进行追踪，因此可以有效解决网络安全问题。

（四）区块链推动制造业转型发展的表现

1. 智能化设备管理

先进区块链技术的本质就是去中心化的分布式数据库，不仅能够存储生产设备参数的历史数据，同时也能够诊断设备故障以及故障预警，从而大幅度提高生产设备的使用周期和寿命。传统的工业物联网信息化系统主要包括四个部分，从上到下依次为数据层、控制层、业务层和应用层，企业的生产设备管理系统基于先进的区块链技术，应该位于控制层中数据采集监控系统以及生产制造执行系统两者中间。设备管理系统通过先进的区块链技术，和外部节点共同分享分布式数据库，这样企业不仅实现了设备的综合管理，也实现了设备的智能管理。基于区块链的智能设备管理系统框架如图 5-2-3 所示。

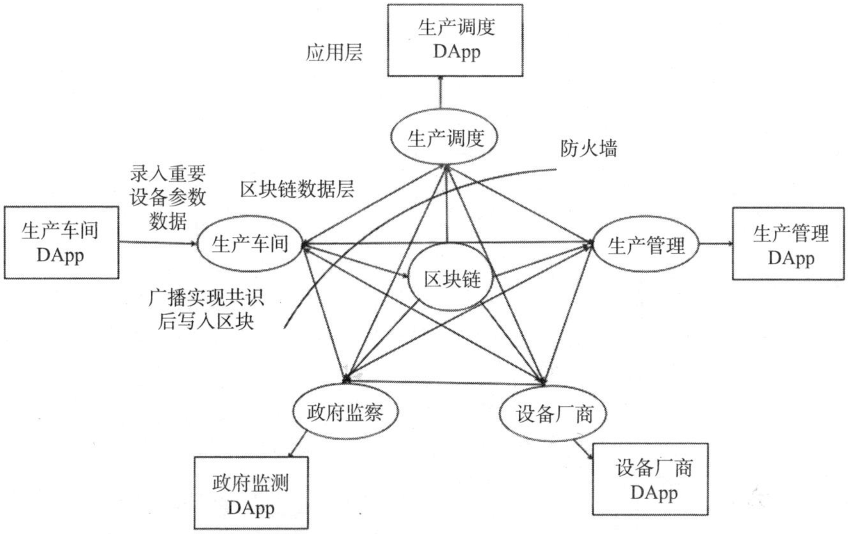

图 5-2-3　基于区块链的智能设备管理系统框架

2. 工业产品全生命周期溯源

　　工业产品生产过程包括工厂产品设计、流程设计、生产数据、产品测试、产品维护、质检、流通等环节，在这一循环的生产过程中需实现数据的实时采集、实时传输及处理。基于区块链技术的工业产品全生命周期溯源包括角度信息管理、产品信息管理、产品交易管理和溯源查询管理等。溯源过程基于所有权实现，首先需要绑定产品拥有者，区块链对权属信息进行确认并将生产者信息、防伪信息特征等信息存储上链，并加入时间戳等信息。链上节点对链上信息进行安全可共识交易，并将授权信息和交易信息存储、上链，商品交易数据基于商品信息管理合约和交易信息合约获得。商品的初始交易哈希值为字符"0"，发布操作哈希与初始交易哈希映射形成第一级链，后续交易哈希值均与上一步的交易哈希值映射并组成整个商品的交易链。在工业产品全生命周期过程中，链上所有节点的数据同步更新，不仅实现所有链上信息的实时监控，还实现工业产品追溯查询。基于区块链工业产品全生命周期溯源架构如图 5-2-4 所示。

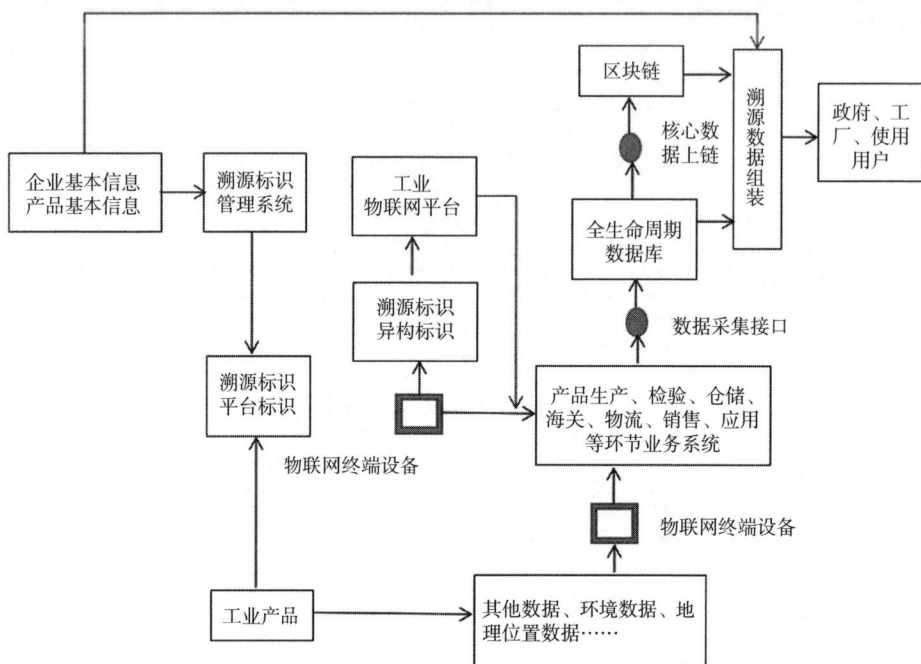

图 5-2-4 基于区块链工业产品全生命周期溯源架构

三、区块链促进能源行业信息化发展

（一）能源业信息化发展现状

人类活动得以支撑的物质基础是能源。能源作为一种载能体资源，是光、热、动力等人类所需的任意形式能量通过直接或间接转换后形成的资源，这是我国《能源百科全书》对能源的定义。能源是国民经济发展的重要物质基础，衡量生产技术和生活水平的重要标志是能源的开发和有效利用程度以及人均消费量。常规能源和新型能源是能源的组成部分，其中当下常规能源的技术业已成熟，使用非常普遍，种类包括水力资源这种可再生的一次能源和煤炭、石油、天然气等不可再生资源。新近利用或正在着手开发的能源是新型能源，新型能源的种类十分广泛，包括太阳能、风能、地热能以及用于核能发电的核燃料等能源。

自中华人民共和国成立以来，我国能源行业的发展模式经历了从计划经济模式向市场经济模式的演变，由粗放型发展向集约型发展演变、由常规能源结构向新能源结构方向发展。我国能源总体消费增速与宏观经济增速保持平衡，2019年全年能源消费总量48.6亿吨标准煤，比上年增长3.3%。其中，煤炭消费量增长1.0%，成品油消费量增长6.8%，天然气消费量增长8.6%，电力消费量增长4.5%。能源消费结构方面保持继续优化的趋势，2019年煤炭消费量占能源消费总量的57.7%，比2018年下降1.5%；天然气、水电、核电、风电等清洁能源消费量占能源消费总量的23.4%，上升1.3%。根据国家能源局发布的《2020年能源工作指导意见》，全国能源消费总量不超过50亿吨标准煤，煤炭消费比重下降到57.5%左右。

随着信息技术的快速发展，传统能源行业需要在互联网思维和技术的指导下进行改造升级，建设能源互联网。将能源和互联网深度融合后得到的结果就是能源互联网，它以发展促使能源的市场化、高效化、绿色化为主要目标，并以信息互联网为基础，将开放的平台提供给市场参与者和用户，使进入成本变得更低，极大提高交易的效率。同时，能源互联网也能实现多类能源的开放互联和调度优化，大幅提高能源的综合使用效率。能源互联网在交易方面能够实现交易主体多元化、交易商品多样化、交易决策分散化、交易信息透明化、交易时间即时化和交易管理市场化。2019年，中国能源互联网市场规模达9420亿元。

（二）能源业信息化发展存在的问题

1. 电力能源分布问题

首先，新能源大量并网对电力系统的稳定性造成影响，风能、水能等不是均匀分布的资源，各地电力需求也不是均匀分布，因此能源未能均衡匹配的问题就随之产生。其次，随着电动汽车数量的增加，充电桩数量问题也随之产生，为解决充电桩问题建立的公共充电桩也面临选址、统筹管理和有效利用的问题。把私人充电桩作为商用可能会面临私人利益和公共利益发生冲突的情况，导致私人与公众两个主体之间出现信任危机，并且随着更多的主体参与到电力市场中，各主体之间会产生信任问题。

2. 能源交易风险问题

在电力市场交易中，交易风险需要供需双方一同承担，任何一方都不能在现货交易、短期交易和中长期交易中逃离风险，因此降低交易风险成为供需双方都需要考虑的问题。交易会产生交易数据，主体的多样化和交易量的不断增加，使交易数据也会大量增加，这使得信息内容的及时性和安全性都面临着巨大的挑战。

分布式能源作为能源交易市场中的主体，在交易过程中存在很多信任问题，如用户骗取补贴，售出电量和接受电量不符等问题。与此同时，大量问题充斥在我国的绿证交易和碳排放市场中，如交易数据得不到安全保障，认证过程的成本过于高昂，交易记录追溯困难等问题。

3. 能源互联网信息安全问题

能源互联网存在通信网络安全、系统运行安全和智能终端安全的问题。通信网络安全是信息在基础设施中传输过程的安全问题，能源互联网的通信传输网络复杂多样，对应的攻击方式也多种多样。在能源互联网中增加多样的用户体验，提高系统的信息化程度，这些操作会带来系统攻击的可能性。能源互联网将大量的移动端用户引入其中，互联网中存在的软件漏洞、病毒、恶意接入、仿冒身份信息等安全问题也会对智能终端的安全造成威胁，终端数量种类的多样性也增加了安全风险。

（三）区块链技术在能源业中的作用

区块链技术可以应用在电力能源方面。区块链技术既能够使信息变得开放透明，还能对信息进行加密和去中心化。如果将这一技术运用到能源系统中，就能够连接多方主体，使信息在多地实现共享，系统调度的不稳定性也将得到缓解。在新能源领域里，区块链技术对新能源并网调度分配上能够高效完成，并且弃风、弃光率这类新能源的消纳问题也会得到解决。区块链还可以吸纳运营商、电动汽车用户，使他们掌握同样有效的信息，电动汽车充电桩的建设可以通过区块链选择合理的建设区域，对已有的充电桩也可以为充电用户进行合理分配，缓解电力系统压力。同时，主体间的信任可以通过区块链进行构建，使主体交易时的信任感得到提升，有利于推进私人充电桩的商业化进程。

在区块链中进行的交易，第三方机构不需要参与，这依靠于区块链分布式账本和去中心化的特点，这样的特点是对交易过程中信息的保护，交易双方承担的危险系数也大大降低。区块链还有一项私钥识别的非对称加密技术，这一技术使得交易的安全性有着显著的增强，假如在交易过程中公钥被泄露，交易依旧是安全的。分布式能源交易存在的问题在区块链的使用下都能迎刃而解，这是因为区块链独有的交易透明、分权化和可追溯性特点。绿色证书的认证流程想要更加高效地实施，同时保证数据的真实性，区块链不可篡改性的特性可以解决这一困扰。借此，证书的流动性也能获得提高，认证成本也比以往更低了。区块链的可追溯性让追溯所有的交易路径变成了现实，使得交易重复能够有效地被避免，市场主体的利益得以维护，保证了市场在公平公正的环境下运行。

区块链还可以保护重要的隐私数据，主要依赖于区块链的高冗余存储、去中心化、高安全性和隐私保护的特点。中心化机构在以往不仅容易遭受攻击，还会因权限管理不当，造成数据大规模丢失或泄露，这些问题都能依赖区块链得到有效解决。区块链技术透明、可审计、可操作，并且可以将参与能源活动的主体联系起来，有效地跟踪和溯源。因此，基于区块链的数据安全技术可提升能源互联网的信息安全。

（四）区块链促进能源业信息化发展的表现

1. 分布式能源交易

分布式能源是一种综合能源利用系统，具有资源、环境效益高的优势，代表着能源交易的未来发展趋势。交易本身在区块链中进行了去中心化，因此在交易中各用户节点不需要建立信任，交易即可完成，虽然这种方式没有第三方监管，但是加密算法使双方参与交易的安全性和可靠性大大加强，信用成本和管理成本极大地降低。区块链为交易提供了一个可信的广播和存储平台，该平台的用户可以进行点对点直接交易，增强了能源供应商与需求侧用户之间的互动，改变了用户参与交易的形式。区块链中的数据具有可追溯性，消费者能够知道自己购买的电力是常规能源电力还是绿色能源的风电、光伏电，从而拥有更多的能源选择。区块链是能源 P2P 交易的支撑技术，将政府、电网企业、负荷集成商、绿色能源服务商、金融机构、电力用户、监管部门、新能源开发商作为节点，接入区块链网络，并保证所有节点都可以实现互联和 P2P 交易，同时通过数字签名、共识机制、智能合约、非对称加密算法等关键技术保证交易的安全性、公开透明性和数据可靠性。基于区块链的分布式能源交易总体架构如图 5-2-5 所示。

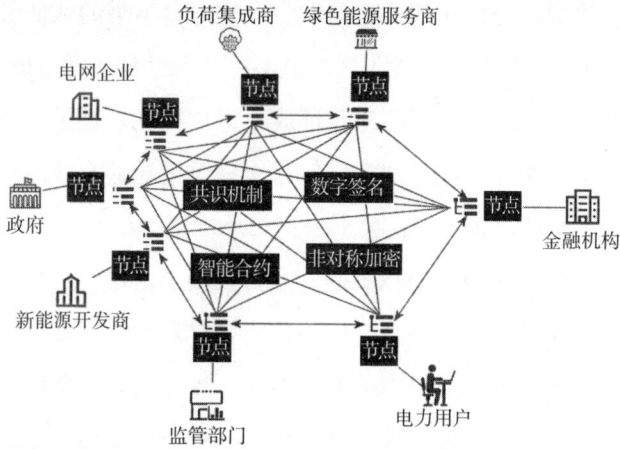

图 5-2-5　基于区块链的分布式能源交易总体架构

2. 碳排放权交易

区块链技术因自身具备的巨大优势能有效解决我国在绿证交易及碳排放市场存在的问题和困难。其可追溯性可以追溯所有的交易路径，切实避免交易的重复问题，使各个市场主体的利益得到维护；其不可篡改性更是对数据的真实性有效地加以保护，绿色证书在认证的过程中也能更加高效。其信誉值的确定可以通过市场主体的历史排放率及减排策略，并对市场细分机制、基于信誉的价格筛选机制及优先权值顺序机制进行设计，不仅可以对碳排放权交易过程中的欺诈行为进行有效抵制，还可以让市场主体对节能减排技术领域的投资欲望得到加强。基于区块链的碳排放权交易模型如图 5-2-6 所示。

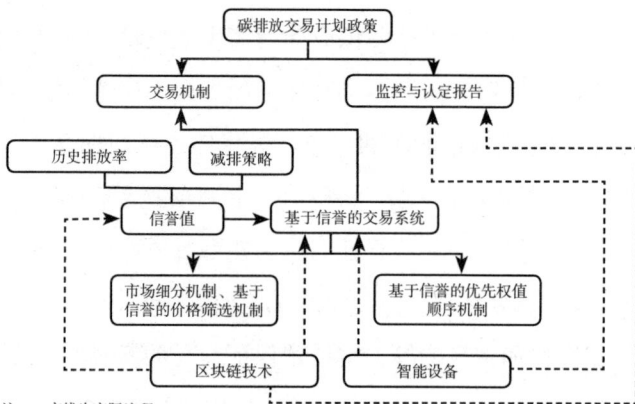

注：1. 实线为实际流程。
　　2. 虚线为技术和设备支撑。

图 5-2-6　基于区块链的碳排放权交易模型

第三节 区块链提升民生领域信息化成效

一、教育行业

（一）教育行业信息化现状

教育领域目前也在运用现代化信息技术手段进行教育信息化的改革，其中包括教育的管理、教学、科研领域，最终实现科技化的教学手段，信息化的传播方法以及现代化的教学方式。开放、共享交互与协作是教育信息化的基本特征，数字化、网络化、智能化和多媒体化是教育信息化的技术特点。教育质量和教育公平能在教育信息化的过程中不断改善，一方面，针对我国教育资源分布不均的现状，让优质的学校、教师和教材资源在信息技术手段的引导下实现跨区跨校的传播共享；另一方面，随着教、学、练、管等环节因信息技术手段的不断发展而步入信息化，使教育环境突破时空限制，把现实世界与课堂紧紧联系在一起，帮助教师将学生反馈通过数字化的方式进行多角度、多层面地分析，使教学效率与质量不断提高，同时学生也能在智能教学设备的帮助下将学习环境建设得丰富多彩，从而让学生的学习能力和兴趣得到进一步增强。

2016 年，国务院印发的《"十三五"国家信息化规划》首次将区块链列入国家信息化规划，并将其定为战略性前沿技术之一。近年来，教育信息化受到国家相关政策的大力支持，国务院于 2019 年 2 月颁布了《中国教育现代化 2035》和《加快推进教育现代化实施方案（2018—2022）》。2019 年，习近平总书记在主持学习时强调，当前环境下新的技术革新和产业变革亟待发展，区块链技术的集成应用可以为此提供重要作用，要把区块链作为一项核心技术去攻克，加大投入力度，促使区块链技术和产业创新发展不断加快推进。2020 年 3 月 4 日，教育部办公厅印发《2020 年教育信息化和网络安全工作要点》，要求深入实施《教育信息化 2.0 行动计划》，发展"互联网＋教育"，利用人工智能和网络教育的优势，建立更加灵活开放的教育体系。相关政策的逐步推出为教育信息化的发展、数字化校园的建设提供了良好的外部环境。

我国网络教育市场发展迅速，2018 年中国网络教育市场规模达到 3734.1 亿元人民币，同比增长 49.24%，根据中文互联网数据资讯网发布的数据，2019 年网络教育市场规模约为 5265 亿元，同比增长 41%。与此同时，网络教育的用户数也在持续增长，2019 年我国网络教育市场用户规模达到约 14410 万人，同比增长 9%，2020 年我国网络教育用户数也在持续增长。

（二）教育行业信息化的痛点

1. 教育数据易泄露

当前，教育数据泄露事件频发，成为网络信息安全严重威胁之一。美国的教育数据存储机构 INBOOM 运行 15 个月便被关闭，主要原因是教育数据开放过程中导致数据泄露，造成数据安全问题。教育数据采集过程中的数据泄露主要是因为个体通过个人计算机或便携式终端等方式进行教育数据录入时，连接互联网留下的教育数据信息，经探索或结合其他特征后，隐藏的信息被还原。教育数据泄露极有可能会对教育机构或政府教育部门造成危害，威胁其信息安全。现如今，教育数据的溯源和安全预警能力弱，教育数据泄露问题有待解决。

2. 教育数据隐私保护水平有待提升

教育数据涉及庞大规模的教育者和受教育者群体，这些人群的隐私保护至关重要。教育数据共享加剧了个人身份信息泄露、个人行为信息泄露、个人偏好信息泄露等问题的发生。商家利用受教育者和教育者的隐私数据，通过短信、电话等形式进行产品推销和广告投放，对该群体的财产和安全构成威胁，影响他们的日常生活和学习。当前，我国尚未建立健全教育数据共享隐私安全管理架构，法律也尚未明确在教育数据中公开数据和私有数据的边界，教育数据隐私保护问题有待完善。

3. 教育数据共享授权访问机制不完善

当下社会还未在法律上深入论证教育数据的共享程度、范围以及对象，因此使用的合法性受到质疑，不仅如此教育数据共享对象的使用权和所有权也缺少清晰的规范标准。随着教育信息化的发展，各教育机构教育信息化迅速发展的契机下，虽然在教育数据上取得了巨大的收获，但是教育数据当下的燃眉之急是数据准确度和真实性的提高。以前开发数据接口就可以完成传统的数据访问机制，用户的特定需求可以通过定制开发来满足，这是定制开发接口和提供视图或备份的目的。共享后的数据隐私和再次共享的可能使接口共享不能保证。教育数据规范化的开发，对数据的需求复杂灵活，要具备更好的通用性，这些是缺少灵活性的数据接口所不能提供的。

4.教育数据共享监管能力严重不足

随着教育数据产业规模不断扩大，需要对教育数据安全进行更严密的监管，虽然国家通过了《教育部机关及直属事业单位教育数据管理办法》等法律法规，对教育数据的安全监管做出了规定，但保护条款多为原则性规定，监督方式较为单一，不利于完善教育产业体系的构建。目前，教育监管目标尚不明确，没有形成独立的监管条例，可操作性不强，不能将监管范围覆盖至整个教育数据链，不利于教育数据的可持续稳健有序发展。监管部门对教育数据的把握程度较低，缺乏针对教育数据安全监管的规范体系，分业监管的方式使各教育部门容易形成各自为政的局面，对教育数据的安全难以做到高效监管。

（三）区块链技术在教育行业的应用

1.解决业务痛点

（1）解决教育数据隐私保护问题。利用区块链技术可以有效解决教育数据在共享过程中的隐私泄露问题。基于区块链的去中心化特性，不需要在教育服务器中存储账户和密码等敏感信息，能够有效避免传统服务器被攻击导致的教育数据隐私泄露问题。基于区块链非对称加密、零知识证明等技术的使用，所有的教育数据都保存在链上，只有拥有对应私钥的用户才可以访问用户的数据信息，在充分实现教育数据共享的同时也能保证个人隐私，最大限度地防止教育数据隐私被泄露，保障教育者和受教育者的权益。

（2）建立教育数据授权访问机制。传统教育数据系统的数据共享是通过一种集中化的授权机制来实现的，这种方式不仅对多样化的教育数据共享需求难以满足，中心节点也存在着被侵扰的危险。这一切都将通过区块链技术的使用得以迎刃而解，教育数据在共享过程中的安全可以通过数字签名和代理签名的区块链技术加以保护。访问控制中集中化管理问题又可以用区块链技术中的共识算法加以解决。最后，区块链去中心化存储的优势，能为客户做出一个既保密又公开的区块链网络，利用智能合约对数据申请和授权进行全网监督。

（3）提升教育数据共享监管水平。基于区块链的分布式账本以及去中心化的特性，对教育数据采集过程以及管理过程进行监控，区块链上的每一条教育数据信息可利用时间戳进行追踪溯源，且不会被删除，还可实时查看教育数据信息。教育数据都被存储在区块链上，通过共识机制得到即时验证，共识机制的验证方相互独立，不仅保障了教育数据的真实性、准确性及客观性，也保证教育数据监管的有序高效。区块链分布式账本通过点对点的方式，实现教育数据的共享。基于区块链去中心化方式，各机构平台间在教育数据共享过程中人力资源等方面的投入，减少平台间的协作共享成本，避免烦琐的查询过程。

2. 应用场景

（1）线上学习成果认证。在非正式学习场合中，线上学习成果认证被广泛应用，该技术能够为学习者在线上取得的成果、技能提供证明，或提供有质量的工作和学习的认证。成人在职学习者对于这种认证尤为合适，学习者将自己在不同场合获取的学分在区块链系统平台上进行汇总，学习者通过平台学习内容的完成情况将会被清晰地记录下来，并公布在互联网上。证书记录查询平台和底层区块链分布式账本是在线学习认证的框架的两大组成部分，其中证书记录查询平台是在线学习认证框架的核心部分，整个框架的技术基础是底层区块链分布式账本技术在承担，分布式账本记录的不可撤销性和安全性是依靠全网广播和数字加密技术来实现的。将线上学习认证与区块链技术体系结合，在线学习领域中学习成果认证难的问题得到了解决，这不仅使认证技术上的难点被克服，并且整个体系也得到了优化。不单单是学习者的学习经历通过用户接口就可以进行查询，甚至学习者完整的线上学习过程都能查得到，通过这项技术，已经可以对线上学习的全过程进行追溯。基于区块链的线上学习成果认证平台如图 5-3-1 所示。

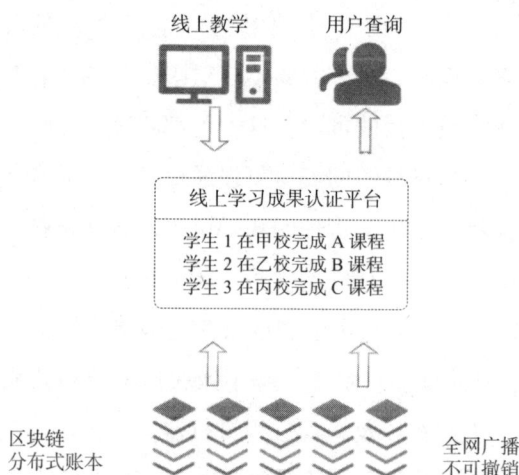

图 5-3-1　基于区块链的线上学习成果认证平台

（2）教育资产数据共享。教育数据的来源渠道十分丰富，教育资产数据就是其中之一。现在学校虽然坐拥数字惊人的教育资产，但是不透明的部门管理和不能及时地共享数据，使设备的闲置、采购重复等问题时有发生，区块链技术就可以解决这些问题。区块链技术可以对教育数据实现全民的监督与共享，分布式记账本及数据溯源技术，可以在网上公示采购过程中信息和流程，使采购也能受到社会的监督，避免重复采购。由于所有教育资产数据信息都能通过区块链下的每个节点独立保留下来，管理员可以对教育资产的使用情况、利用率以及设备技术参数得以实时掌握。教育资产管理可以通过区块链技术增强自身的信任度和透明度，这样就可以使人工成本减少，大幅度地提高工作效率，将教育资产共享和管理过程中效率低下的问题有效地解决。区块链在教育资产管理中的应用平台如图 5-3-2 所示。

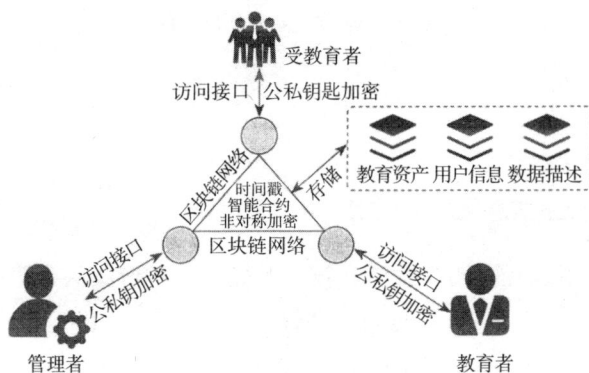

图 5-3-2　区块链在教育资产管理中的应用平台

（3）学生综合素质评价。当前社会，考学和就业压力越来越大，用人单位和教育机构对学生的综合素质越发重视。教育教学活动过程中直接产生的数据（课堂教学、考试测评、毕业证书等）和学生直接产生的数据（思想品德、身心健康、兴趣特长等）共同组成了学生综合素质评价的主要评测依据。那么学生综合素质评价系统是怎样通过区块链技术构建的？该技术会在分布式账本上将学生的代表性事件、获奖情况以及学生活动数据通过非对称加密等技术进行传输，教育数据信息的安全与不可篡改的特点则由智能合约加以确保，评价算法被智能算法所编写，个人评价也可以根据记载在分布式账本上的教育数据完成，各类用户在评价过程中的交易请求通过共识机制完成，综合素质评价过程的稳定维系依赖于非中心化认证机构的保障。学生教育数据共享的不断推进依靠学生综合素质评价系统的进步，用人单位或教育机构可以通过该系统对学生在校期间的教育数据以及评价进行实时查询，教育数据共享过程中的诚信化建设也能因此得到推进，促进学生综合素质发展。学生素质评价平台如图 5-3-3 所示。

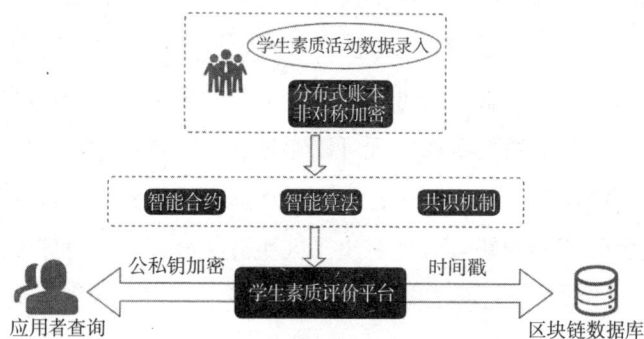

图 5-3-3　学生素质评价平台

二、医疗行业

（一）医疗行业信息化发展现状

互联网医疗指以互联网为载体和技术手段的一种健康医疗服务，包含健康管理、自诊、自我治疗、导诊、候诊、治疗、康复、后续跟踪等一系列服务内容。以互联网技术为基础，医疗健康资源分配不均与医疗健康需求间巨大缺口的矛盾正在被互联网医疗逐渐弥补起来，并将一条安全便捷的医疗健康服务途径提供给广大民众。互联网医疗技术在大数据分析以及人工智能等技术的不断推进下，对病患医疗成本的降低以及缩短传统诊疗程序都有极大的利好，我国社会医疗保险的财政负担将得到进一步减轻。

由于互联网上提供的医疗产品种类多，覆盖面广，从医生的角度来看，互联网可以从医疗咨询、医患交流、医生服务等几个方面来帮助医生。医疗咨询主要指的是将医学界咨询提供给医生，如一些行业重大新闻、专家讲座、病例讨论，甚至是医疗知识和医学专业学生的考试课程等，此类应用的数量不在少数，彼此之间存在着较为激烈的竞争；医患交流主要帮助医生对患者信息进行及时的管理，方便与患者及时沟通，随诊、跟踪等服务也能够及时地跟进，使医疗服务的销量和质量得到提高，由于这类平台已经有了一定的开发时间，产品间有了较为明显的优势差异；医生服务主要创建医生的交流社区，有利于医生之间对病例进行讨论、解答疑难、交流知识、分享经验等，目前医生服务的服务种类还在不断拓展，以满足医生的各方面需求。互联网医疗还可以为患者提供主要包括问诊咨询、预约挂号、疾病管理和在线药房等服务。问诊咨询是患者在网上描述自己的症状，医生的诊断和交流也是在线上进行；预约挂号指患者想要预约医院的专家门诊，可以通过互联网医疗平台进行，避免了现场预约排长队的烦恼；疾病管理主要是通过建立电子档案对糖尿病、高血压等慢性病实行实时记录患者身体状况的管理方法；在线药房指配送员可以把患者在线选购的药品直接送货上门。

互联网医疗与互联网的发展有着千丝万缕的联系。总的来说，我国互联网医疗可以划分为三个阶段：1.0 阶段是个人计算机阶段，2.0 阶段是以移动互联网为代表的，现在我们处于 2.0 阶段向 3.0 阶段的过渡阶段。互联网医院做到完全转型的那一刻就意味着 3.0 阶段到来了。现在处于过渡期的主要特征是实现诊疗在线上进行，最终 3.0 阶段互联网医院将实现全面推行，诊断、远程治疗、处方药开具等服务内容将统统囊括其中。

2018 年 4 月，国务院正式发布了《关于促进"互联网＋医疗健康"的发展意见》，我国医疗行业发展的主流方向变成了"互联网＋医疗"。2018 年 7 月，国家卫生健康委员会、国家中医药管理局联合发布《关于深入开展"互联网＋医疗健康"便民惠民活动的通知》，要求以"互联网＋医疗健康"的形式在医疗行业开展便民惠民活动，并对有条件推进"智慧药房"建设的医疗机构进行鼓励。随着医院机构及群众逐步认可互联网医疗这种形式，互联网医疗发展的元年可以说是 2018 年了。

近几年，我国互联网医疗行业发展速度较快，市场规模不断壮大。随着处方药线上销售的解禁，医药电商的渗透率进一步上升，2020 年中国互联网医药 B2C 市场规模达到 276 亿元人民币，预计 2023 年达到 427 亿元人民币。互联网医疗在市场政策规范的引导下以及互联网医保不断推广的促进下，在未来将保持高速增长。

（二）医疗行业信息化的痛点

1. 医疗信息数据孤岛不利于实现数据互通及共享

目前，我国医疗机构大都难以做到信息共享。医疗记录分散，数据在流转过程中出现信息不对等现象。类似指标、规范等各类信息的标准化还没有实现，数据之间难以互通和相互比较，使用效率十分低下。

2. 处方药开具及售卖过程中违规行为难以监管

药品产业链主要包括三方面内容：制造、批发和各类药房，消费者通常是从各类药房或医院购买药物。目前，"互联网＋药店"作为假药交易的温床，使得贩卖假药者乘虚而入，患者或医疗服务机构很难追溯药品的来源。此外，医院内部处方药开具和售卖还面临一些问题，如使用不可控——处方重复使用，不限时间地点；信息不同步——药店和医院分离，分发流程不透明；处方不可信——患者修改处方，医生滥开处方。

3. 互联网医疗患者隐私泄露，安全性不足

患者隐私安全性问题至关重要，目前市场上各类移动医疗 App 沉淀着大量个人医疗数据，只有产品的工具属性或平台属性被用户关注，数据最终流向却无人问津，信息共享和个人隐私之间仍然存在很大的问题。

4. 医联体无法充分发挥协同作用

医联体主要有 4 种组织模式，分别是医联体、医共体、专科联盟、远程医疗协作网。医联体若强制采用统一的标准来整合，需要花费的人力、物力成本相当昂贵，并且随着业务系统的调整，对标准化模板的后期维护任务也极其繁杂，必然导致运维成本增加、耗时长、"标准化"系统进程中断等风险。许多医疗机构出于数据安全性、医疗信息敏感性等因素考虑，并不愿意将医疗机构内部运营管理业务数据上传到"数据中心"。同时，建立大数据量的数据存储中心，是费时费力且成本较高的一项工程，如对技术的需求较高，后期运维投入成本也较大，再加上大数据量的数据存储中心需要大数据量的信息交换，对网络环境提出了高的要求，甚至需要专用网络才能支持。

（三）区块链技术在医疗行业的应用

1. 解决业务痛点

（1）医疗信息数据的互通共享。通过区块链赋能处方流转平台，不仅可保障处方在外流过程中的真实可信，还可在保障患者隐私前提下进行全流程监管，做到过程可追溯、避免纠纷；基于区块链建立以患者为中心的转诊服务，可保证患者对个人健康信息的控制力，确保健康信息的完整性、安全性与连续性；使用

区块链对用户身份、数据所有权进行管理，不存在超级管理员和特权用户，可确保安全与隐私保护。利用智能合约对科研流程进行自动化管理，避免人为干预，打造民主化的科研平台。

（2）业务办理。保险清算类业务可通过区块链的智能合约完成患者、医院与保险机构之间的费用清算，避免复杂、冗长的人工处理与审核过程，在提高效率、降低手工出错概率的同时提升患者的用户体验，缩短医院的垫付周期。医保控费类业务通过区块链与疾病诊断相关分组（DRGs）相结合，根据疾病诊断相关分组，基于区块链的智能合约进行费用支付，可规避人为干预，保证付费过程的公正与透明。对于供应链管理类业务，通过区块链与电子存证相结合，可保证医疗供应链相关数据不可篡改、真实可信，链上信息透明，便于实时监管与审计。

（3）行业监管。区块链技术保证了药械从生产到销毁全生命周期内的信息不被伪造和篡改，这样就使药品追溯变成了可能，参与方也能对信息进行追溯和监管。在区块链分布式特性的优势下，医疗监管的任意节点都能对全局数据进行追溯、监管和审计，数据无须上报或者跨组织的交换与集成。

（4）隐私保护。如果要让存储的医疗信息摘要进入区块链技术体系中，一旦数据正在使用或改变，就会被记录下来。数据存储机构以往在用户不知情的情况下随意使用用户数据的情况不会再发生了。随着个体身份认证信息的分布式存储使用，篡改、盗用中心化存储的风险越来越小了，再通过区块链多私钥的复杂权限保管模式，将数据使用权回归个体。个体医疗信息的隐私保护能够通过用户授权防止数据泄露来实现。

（5）医联体协同。医联体单位上链，在链上进行患者信息互通共享，当出现特殊病历时，可以开通病历共享权限寻求多家医联体单位专家、学者的意见。根据病情的轻重等情况及时地实现转诊，不断完善国家分级诊疗服务体系。利用区块链分布式机制，建立区（县）、市、省和国家级电子病历区块链，各家医院对于特殊病例予以公告并上链提交给上级单位处理。凡符合重大突发公共卫生事件的条件，采用区块链智能合约自动执行，推动关键数据的及时共享。区块链上存在的电子病历信息，结合大数据、机器学习、人工智能技术建立重大公共卫生事件的模型，还可以实现传染病感染人数预测和疫情拐点的预测识别。作为医疗体系行政管理部分涉及政府管理机构、医院、疾控中心等，将这些机构产生的重要疫情信息上链，则可以实现疫情重要节点信息及时发布和追溯，实现责任认定，确保信息真实和及时发布。区块链的链式结构、时间戳可以实现重要疫情信息发布追溯并进行验证，识别重要疫情信息误发、延迟的节点，予以追责。

2. 应用场景

（1）电子处方平台。利用区块链的去中心化、智能合约、共识机制、P2P通信等特点，联合患者、互联网医院、监管机构等多方角色，通过将处方信息、审方信息和处方核销信息的摘要信息上链，完整信息加密存储和传输的手段，实现线上处方的可信流转。医生、药师等C端用户使用轻节点进行区块链信息的接收和发送，可以做到方便、快捷的信息收发。互联网医院、药店等B端角色通过云部署的方式搭建区块链全节点，保存完整信息，保证安全可靠。通过智能合约，实现对线上处方流转的全流程监管，以及全链追溯。同时，基于加密令牌可为医生、药师、药店商家等多方角色用户建立信用体系，保证各参与方的平等互信。基于区块链的电子处方平台如图5-3-4所示。

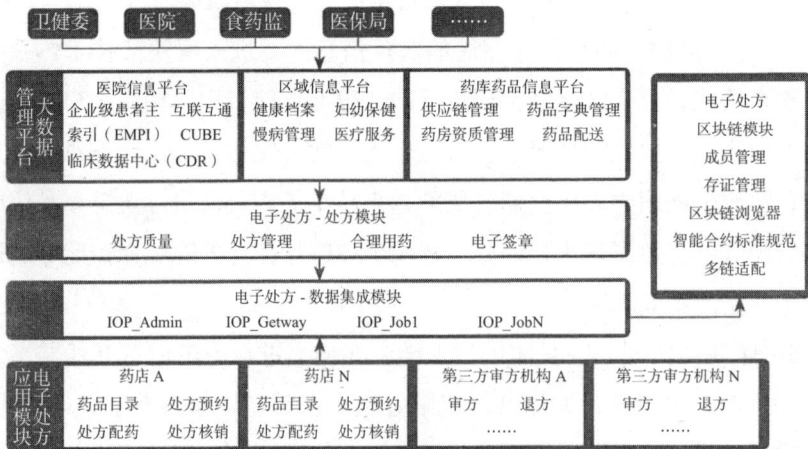

图5-3-4 基于区块链的电子处方平台

（2）药品追溯区块链系统。为解决处方药开具及售卖过程中的违规行为，区块链技术可以链上实现药品追溯和处方监管。将药品生产、仓储、配送、零售的数据上链，且记录药品在社会公共医疗机构的流通信息，利用区块链的链式结构实现药品的追溯。在社会公共医疗机构的医疗信息管理系统中获取处方信息并上链，区块链可追溯的特性可以实现第三方平台监管和审核处方的工作，实现处方的审核和监管职能。药品、处方区块链追溯系统如图5-3-5所示。

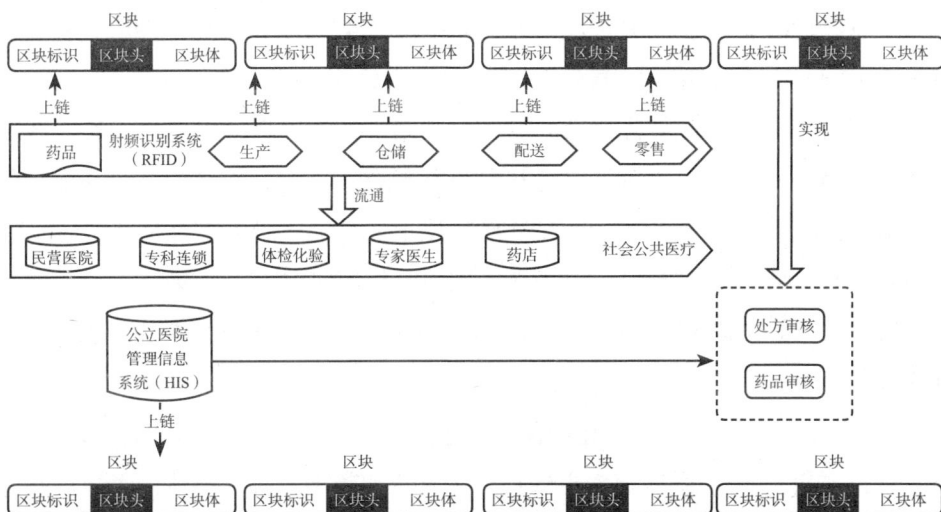

图 5-3-5 药品、处方区块链追溯系统

三、公益慈善行业

（一）公益慈善行业信息化发展现状

乘着互联网快速普及与信息技术的发展的东风，公益慈善事业也与互联网技术进行结合，利用互联网在筹集善款、传播公益慈善观念两方面做出突出的成绩。公益网络平台的推出使广大民众都能参与慈善活动，推动了慈善参与主体大众化的进程。信息技术应用在公益慈善领域，使我国公益慈善事业信息化发展步伐逐渐加快，不论是从公益慈善的信息化基础设备建设、社会支持环境，还是公益慈善参与度、资金规模以及公益慈善组织数量等都有了较大幅度的增长。

"网络公益"相关工程在中央网信办的筹措下逐步展开，立志为全国建设一个统一的慈善平台——"慈善中国"。利用网络对慈善组织开展的公开募捐活动备案，并公开慈善募捐和慈善活动进展情况。当下在规章制度方面对"互联网＋慈善"进行进一步的规范，出台或实施了《慈善组织公开募捐管理办法》《慈善组织信息公开办法》《慈善组织互联网公开募捐信息平台基本技术规范》等一系列慈善法配套政策文件。公益慈善组织规模随着我国公益慈善事业不断发展日益扩大。截至 2019 年 12 月，全国共有社会组织（包括公益社会组织与非公益社会组织）总数超过 84 万家，其中民办非企业单位约 47 万家，占比约 56%，社会团体 36 万余家，占比约 43%，基金会 7516 个，占比约 1%。

随着公众参与公益慈善活动的热度持续增加，捐款金额也随之增长。截至 2018 年年底，中国网民点击、关注和参与慈善超过 84.6 亿人次，一些基金会的网络募捐比例已经占到捐赠总收入的 80% 以上。全国注册志愿者超过 1.2 亿人，依法登记的志愿服务组织已有 1.2 万个，服务时长达到 13.02 亿小时。

互联网公益在新冠肺炎疫情的考验下，不断探索新的道路，寻找新思路、发现新趋势，为互联网公益事业发展带来新机遇。

一方面，跨地域、去中心化的民间参与成为公益力量的有益补助。移动互联网时代以微信、QQ、微博等为主的社交工具连通线下隔离的个体，大量民间志愿者通过微信群、QQ 群聚集，将群组变为信息沟通平台，完成信息对接、物资调配、通勤保障等工作，实现高效信息沟通和协作。非正式的民间行动相比正规机制下的应急动员更加灵活，且主动性高、行动力强。"朋友圈"式的民间参与，呈现跨地域、去中心化的发展趋势，成为政府、企业、社会组织等抗疫中坚力量的有益补充。

另一方面，互联网公益在 5G、区块链等新技术的影响下进一步发展，互联网企业将 AI、算力免费开放给抗疫科研团队，通信服务商在远程医疗、远程教育等领域开始应用 5G 技术，部分新技术、新应用以公益资源的形式，应用于公共卫生安全的各个领域，使普通百姓的生活更加便捷，互联网公益的慈善边界得到进一步拓展。公益平台的搭建可以利用去中心化、可溯源的区块链技术，将在线服务提供给捐赠与受赠方，使社会各界拥有一个公开透明、可追溯、可反馈的监督途径，从而使民众对公益组织的信任感增强，有利于提升公众参与公益的积极性。这次疫情防控阻击战的胜利互联网公益也提供了很多助力，在战疫过程中形成的新探索、新思考，将一条更加高效、透明、安全的发展道路指引给互联网公益事业。

（二）公益慈善行业信息化的痛点

1. 暗箱操作滋生信任危机

公益慈善领域虽然一直以来由国家信任作为背书，但是这种中心化互联网公益慈善管理机制建立起来的信任体系是短暂、脆弱的，极易受到个别人或事件的影响（公益项目中善款去向不明、挪用、诈捐等暗箱事件），从而破坏信任体系。长久以来，公益慈善机构在募集和使用钱款的过程不公开、不透明，项目方在违规、挪用款项时毫无监督压力，这种现象大大降低了公益慈善机构的信任度和公信力，从而限制了社会公益慈善事业的发展。

2. 监管审计乏力，公益造假严重

我国一直缺乏完善的公益慈善保障体系，尤其是没有统一的规范标准审核和采集受助者的信息。"互联网＋公益慈善"的产业在互联网时代蓬勃发展，然而由于线上审核制度缺少统一规范的标准，部分受助者开始利用平台诈捐、骗捐，这种情况的出现，对建立严格完善监管和审计机制的需求刻不容缓。我国政府在网络慈善的监管方面存在监管失位的问题，不论是从认定主体资格的程序还是到募集善款的余额去向，监管漏洞在每一个环节都会出现。监管和审计在公益慈善项目的缺失，成为我国公益慈善事业屡屡发生公益项目造假事件的直接原因。2019 年 2 月，公安查明了 43 个实施民间资产解冻类诈骗犯罪的虚假项目和组织，社会和媒体再次关注监管问题，慈善组织公信力急剧下降，恶性事件不断曝光。

3. 技术能力有限，审核不规范

人工干预审核的步骤在我国互联网公益慈善的审核流程中十分常见。人为因素注定了审核过程中必然存在着不规范的问题。在审核过程中由于技术能力不足，人工审核的工作只是查看票据扫描件，对相关材料信息真伪没有通过技术和权限去核实，更没有对申请者财力状况进行调查。往往一个慈善项目的救助方案申请数额虚高，同时款项支配情况也难以摸清，甚至有的众筹平台因为不能进行规范的审核，诈捐、骗捐的现象屡屡出现，公益慈善的公信度受到巨大的打击。

4. 信息确认困难，资金走向不明

在中心化的系统中，受助人与捐助者的信息和数据安全无法得到保障。公益慈善事业的发展受到重大影响。中心化的公益慈善机构又难以自证，公益慈善事业发展受到严重阻碍。此外，捐助资金的走向问题也是捐助者关心的地方，资金的追踪溯源是中心化的慈善机构无法做到的，无法查明捐赠资金的去向，公益慈善机构的公信力受到严重挑战。

5. 个人信息泄露，隐私不安全

"互联网＋慈善"的不断发展促进了网络募捐和网络众筹向着便捷化、快速化和社会化的方向发展。社交平台（如微博、微信等）依靠其较强的互动性和较高的参与度，在推广网络慈善活动过程中的作用越发重要起来。由于信息具有广泛传播的特点，网络平台的项目在收集捐款的时候，缺乏成熟的手段保护隐私，对受助人员的隐私敏感信息和捐助人信息无法提供合理的保障。近年来，出现许多案例给受助人及其家庭成员编造了一些莫须有的过往，里面泄露的信息被网民无限放大，甚至肆意编造，因而巨大的社会舆论压力给受助人及其家庭成员造成了深深的伤害。网络募捐的成本低、募捐信息传播快、募集资金的效率高，让一些无力承担高昂医药费的困难家庭，不得不把个人信息泄露出去以求得社会力量的帮助。

（三）区块链技术在公益行业的应用

1. 解决业务痛点

（1）去中心化，降低操作成本。受助人可以通过区块链获得捐赠者的捐赠，避免了二次操作的烦琐过程，实现了项目操作成本的降低，使利用慈善公益项目为自己谋求利益的行为被杜绝。

（2）链上信息公开，防篡改。区块链的存储功能，将公益款项的使用记录和流转过程登记存证，并公开到互联网上。保证信息不可篡改的技术是区块链中的分布式时间戳服务系统，这项技术的运用使整个公益慈善流程变得透明公开，曾经因曝光出公益慈善过程中暗箱操作引发的信任危机问题也能通过这项技术有效解决，保证捐赠人资金的安全。

（3）可视监管，实时审计。区块浏览器技术能够让公益慈善项目的处理流程实时动态，链上记录的相关信息反映到链上的用户那里。同时，每一笔数据都能通过检索和查找功能在区块链上查看，这就给了社会公众和监督机构可随时验证的可能，使公益慈善项目公开化、透明化，提高监管、审计力度。

（4）规范审核，智能合约自动执行，降低成本。智能合约可以在预先设定好相关条件和要求后自动执行，公益慈善过程中人工审核的缺点能得到有效弥补，审核流程得到了规范，不仅避免了人工审核带来的弊端，还降低了管理成本。

（5）个人隐私保护，防泄露。被捐助人和捐助人的隐私可以在区块链加密技术的应用下得到很好的保护。个人的敏感隐私信息只有持有项目私钥的人才可以看到，其他人只能获取个人公开的信息，其他信息无法查阅，信息泄露的风险得到了有效避免。

（6）信息溯源，项目补救。公益慈善过程中运用区块链技术能够使信息与行为的全流程存证，公益慈善全周期的阶段追溯与审计等问题得到解决。上面列举的问题一旦得到解决，当公益慈善项目遭受网络攻击或出现审核漏洞时，利用区块链的信息溯源技术，追回资产最终通过原渠道将资产返还给资助人，实现项目的补救。

2. 应用场景

公益捐助平台采用区块链的公益平台，从项目计划开始，到每一笔善款的产生均写入区块链。由区块链根据项目计划自动执行，进行自动拨款或支付所有凭据存证。整个过程实现参与方与资金流和物流的隔离，由最终受助方确认，完整捐赠实施。除捐赠人、公益机构、受助方之外，审计机构、监管机构、新闻媒体以及全民的监督均可参与捐助流程，共同提升公益事业的透明度。

通过组建区块链联盟形式的组织方式，各方都可以更高效地参与到慈善公益事业中，审计机构可以即时发布审计报告；监管机构可以同步进行违规监管；新闻媒体可以获得原始信息进行传播。数据即时性与不可篡改等特性，使得快速发现公益行为中的不良现象并及时纠正成为可能。基于区块链的公益捐助平台如图 5-3-6 所示。

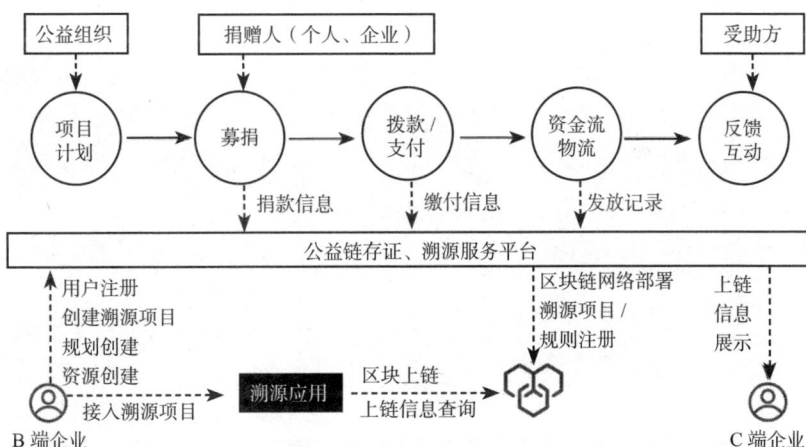

图 5-3-6 基于区块链的公益捐助平台

第六章 区块链加快数字资产发展

区块链技术作为数字经济时代的重要底层支撑技术之一，在推动数字产业化、健全完善数字经济治理体系、强化数字经济安全体系中发挥着重要作用。本章主要论述区块链加快数字资产发展，分别介绍了数字资产概述、数字资产发展现状和区块链推动数字资产发展三个方面的内容。

第一节 数字资产概述

一、数字资产的定义

（一）资产的定义和特征

国际上资产的概念先后经历了"未逝成本观""借方余额观""经济资源观"与"未来利益观"阶段。随着我国经济的高速发展，我国会计准则与国际准则实现趋同。2014年，我国新修订的《企业会计准则——基本准则》将资产定义为"资产是指企业过去的交易或者事项形成的、由企业拥有或者控制的，预期会给企业带来经济利益的资源"，具有以下三个特征：

（1）由过去的交易或者事项形成的资源。以现实的资产而非预期的资产为计量标准。所谓"过去的交易或者事项"是由购买、生产、建造行为或其他交易和事项构成的。资产在作为一项资源的时候，其成本或价值必须能够可靠地计量。

（2）由企业拥有或控制。企业享有某项资产的所有权是指拥有或者控制一种情况，另一种情况是资产的所有权虽然不是自身享有，但能控制该资源。

（3）预期会带来经济利益。现金或现金等价物能够直接或间接流入的潜力就是预期带来经济利益。交换价值和使用价值是资产所必须具备的，否则不能认为是资产。

（二）数字资产的定义及特征

数字资产是指在网络空间中由企业或个人等主体拥有或者控制、以数字形式存在、预期能带来经济利益的数字资源。数字资产具有以下特征：

（1）数字资产由明确的主体拥有或控制。个人、企业或者国家是控制或拥有数字资产的主体，资产的所有权、使用权、管理权等相关权利为主体所享有，并且数字技术能保障其权利的实施。

（2）数字资产以数字形式在网络空间流转。传统资产能在实际物理空间里保持存在，数字资产仅于网络空间存在，这是数字资产与传统资产最大的不同，因此数字资产的存储及流转是以数字形式进行的。

（3）数字资产是能带来经济利益的数字资源。为主体带来经济利益的财富或者资源是数字资产的本质。如果这个数字资源不能带来经济利益或者没有交换价值和使用价值，那么就不能认为它是数字资产。

（4）数字资产是主体在社会经济活动中创造的。数字资产是主体在社会经济活动中付出相应劳动、资本、技术，通过生产、购买等行为获得的，非凭空产生。

（5）数字资产的价值是可计量、可拆分、可组合的。资产定价、计量等会计规则是可以作用于数字资产的，并且可以拆分和组合数字资产的价值。

二、数字资产的分类

按照资产金额是否固定或可确定，数字资产可以分为货币性数字资产和非货币性数字资产。货币性数字资产，指在网络空间中可以固定或可确定金额的货币收取的资产，能立即投入流通，用以购买商品或劳务，或用以偿还债务的资产，包括法定数字货币、虚拟数字货币等数字货币。非货币性数字资产，指货币性数字资产以外的数字资产在未来带来的经济利益，即货币金额是不固定或不可确定的，如数据类资产、数字权益类资产等。

（一）数字货币

数字货币（Digital Currency）是在网络空间中以数字化的方式发行、转移、流通的货币，具有支付能力的货币，可用于真实或虚拟的商品和服务交易。数字货币对全球影响在信息技术广泛应用于金融领域的现在更加引人关注。根据支付属性的不同，数字货币可分为法定数字货币和虚拟数字货币。

1. 法定数字货币

法定数字货币（Central Bank Digital Currency，CBDC）是由中央银行基于国家信用发行和调控，具有法定支付能力的货币，是纸钞的数字化替代。

法定数字货币的本质仍是中央银行对公众发行的债务，以国家信用为价值支撑。发行法定数字货币是传统银行制度追求创新发展的结果之一，也是对金融政策及实施落实进行有效监管的需要。一是应用分布式记账技术能够协助法定数字货币进行金融机构之间的支付结算，使金融机构间支付和结算的成本得以降低，国家金融系统的运行效率也能得到提升。二是企业和个人都能享受到数字货币带来的实惠，能够替代或补充纸钞的功能，现金的流通职能也能部分或全部代替，可以使货币贮藏、流通以及运输等方面的成本得到降低，有助于货币发行流通体系的连续性更好地保持。三是货币的发行、流通、存储等环节可以通过法定数字货币进行全流程的追溯，从而对货币需求变化及其驱动因素进行深入的跟踪分析，经济个体行为也能通过货币流信息探知，从微观把握宏观，货币调控能够更加精准有效地布置有预见性的措施。

在一国金融体系中法定数字货币的发行流通体系是重要的组成部分，理论上有两种模式。一是一元发行模式，即单层运营体系。没有了商业银行这个中间过程，将数字货币向公众直接发行，法定数字货币的流通、维护等服务也直接由央行负责，市场交易主体可以直接在央行开立账户。在一元发行模式中，中央银行确定数字货币的最优发行量根据宏观经济形势及货币政策调控的需要，直接向公众发行法定数字货币。中央银行的直接债权人所有社会民众可以在中央银行开户，并且在保管数字货币时可以通过个人数字钱包进行管理。二是中央银行利用商业银行作中介对数字货币进行发行的二元发行模式，即双层运营体系。货币发行和回笼由中央银行面向商业银行进行，法定数字货币存取等服务也由央行委托商业银行向公众提供，法定数字货币的发行及流通体系的正常运转要靠商业银行与中央银行一起努力。在该模式下，法定数字货币被中央银行先一步存放到发行库，商业银行的数字货币申请在被央行同意后，从发行库将数字货币调入商业银行库，最终由商业银行受理用户提取数字货币的申请，得到允许后进入用户的数字钱包。

2. 虚拟数字货币

虚拟数字货币是非中央银行发行的，在自有账户体系中计价，可作为支付手段，能以数字形式转移、存储或交易的货币，如 Libra、比特币、以太坊等。

虚拟数字货币大多采用区块链和加密技术，实现了货币交易的去中心化、点对点支付、匿名交易、跨境交易等。虚拟数字货币可以分为算法类数字货币和资产锚定类数字货币。采用哈希算法的比特币、采用 Scrypt 加密算法的莱特币都属于算法类数字货币，Libra 的发行机制是锚定主权货币，属于资产锚定类数字货币。

虚拟数字货币虽然有助于解决电子支付的信任问题，但非法定数字货币背后缺乏稳定的资产支撑，导致其价值不稳定、公信力较弱。在技术上虚拟数字货币缺乏良好的可扩展性，对大容量、高速率的货币交易难以承载，也难以实现货币的大规模流通和应用。此外，由于货币发行体系去中心化，中央银行难以对其进行控制，金融监管机构的监管也不能有效发挥，极易引发投资风险或非法交易，从而危及国家金融安全稳定。

对待私人数字货币的政策，目前主要国家均保持相对严格或相当谨慎的态度，未给予法定的数字货币地位，还加以各种政策予以限制。在中国人民银行等五部委发布的《关于防范比特币风险的通知》中，明确指出比特币在我国境内与货币的法律地位不等同，仅作为一种特定的虚拟商品存在。

（二）数据类资产

信息时代海量数据的加速产生，要归因于不断涌现的物联网、云计算、移动互联、智慧城市等新技术及其应用场景的丰富，由此开启了"大数据时代"，数据体量呈现爆炸式增长态势，全球开始关注并承认数据的重要经济价值。数据作为最有潜力的价值资产，必将给社会带来新的变革。

1. 数据资产

数据资产是指在网络空间中以数字形式存储，由个人或企业等主体拥有数据权属（所有权、使用权、收益权等），经信息技术加工后能带来经济利益的可计量、读取的数据资源，包含文本、音频、视频和图像等格式的数据。

（1）在网络空间内以数字形式存储。借助互联网、物联网、人工智能、区块链、云计算、大数据等数字技术能够实现信息资源存储的数字化。数据需要存储在一定的介质中，这样就会使一部分网络的存储空间被占据，这是数据资产的物理属性，数据的物理属性是支持数据存储、交换、共享、流通等的基础。

（2）由企业或个人等主体拥有数据权属。根据不同的数据来源，数据资产的权属也有所不同。一是由企业或个人等主体在生产经营活动中产生的数据，数据的提供者具有数据的所有权。二是主体间接生成的交易数据信息，如网络交易平台、社交平台、自媒体平台等都收集了海量用户数据和市场数据，从中能挖掘出巨大的市场决策价值。三是主体通过大数据交易中心等平台外购的数据资产，企业拥有一定使用权或收益权，可以通过外购的数据产生利益。

（3）能带来经济利益的数据资源。数据作为资产，要能够给主体带来经济利益。现实中的数据在不经过任何处理的情况下，既散乱又零碎，是没办法正常直接地利用和产生价值。初步加工这些"原料"状态的数据，最后使它们变成可采、可见、互通、可信的高质量，就是数据资源化过程，不仅是体现数据质量提升的过程，也是体现技术产业的过程。这就好比整理土地的过程，人力资本提升的过程，资本结构改善的过程。从技术产业维度看，数据采集、标注、集成、汇聚和标准化等过程要通过数据的资源化过程来完成。数据质量没有经过资源化提升，后续的一切都无法实现。企业中拥有很多过去已发生的经济业务历史数据，如果对企业决策的作用小，很难为企业带来经济利益，那这些数据就只能称为历史数据，而非数据资产。

数据资产的价值体现在两方面。一是数据资产的内部循环，主要包括从收集之后开始的整合、分析、提炼、挖掘、保存等一系列活动，基于回归、分类、相关性、聚类分析等统计分析方法，发现数据中的规律和模式，创造有利于生产力发展的数据。二是数据资产的外部流通。数据资产就像其他一切有价值的物品一样，在组织或者个人之间流动，被称为数据交易（流转）行为。外部流通是通过数据的共享、开放、交易、聚合等方式让渡、分享数据资产的价值，其中共享和开放常发生在社会组织、政府部门的数据流转行为中，交易、聚合则更多发生在以实现商业利益为目的的企业之间。

（4）数据资产价值可读取、可计量。可读取是指数据是可机器读写的格式，如 CSV、JSON、XML、XLS 等。可计量是在数据交易过程中，制定或形成数据资产定价、计量的会计规则。由于数据来源场景化、数据内容动态化、数据主体复合化，不同数据的加工程序与用途也会截然不同，带来的经济利益很难确定统一的量化标准进行计量。所以，要具体衡量数据资产在特定场景下产生的经济利益，公平安排不同相关主体的权属利益，合理地对数据资产进行定价。

2. 数字作品

数字作品是由企业或个人等主体拥有，在网络空间中以数字形态存储的作品，如文字作品、音乐作品、视频作品等。数字作品通常在硬盘、光盘等物理介质或载体中，它们以二进制数字的形式在载体中实现固化。数字作品在网络上的传播方式也是以数字信号的方式进行。通常而言，数字作品包括两类：一类是传统作品的数字化，将传统作品以数字代码形式固定在磁盘或光盘等有形载体上，作品的表现和固定形式的改变不会对作品的独创性和可复制性产生任何影响。例如，报纸、期刊、图书等传统出版物的数字化，电影胶片数字化等。另一类是天然以数字代码存在的作品，直接在计算机程序中由符号化指令或语句序列生成的作品。例如，计算机软件、手机游戏等由数字化产业内各个行业所产生的成果。数字作品覆盖领域如表 6-1-1 所示。

表 6-1-1　数字作品其覆盖领域

文件类型	作品类型	类型细分
文件	小说	
	专业书籍	
	音乐	词、曲
	专业文件	合同、商业计划书、文案
	剧本	电影、电视、曲艺（相声、小品等）、游戏、动漫、舞台演出（音乐剧、舞剧、舞蹈、杂技）、音乐（MV 剧本）、广告文案（广告剧本）
	软件	
图片	摄影图片	艺术摄影、商业摄影
	设计	工程设计、产品设计、模型设计
	美术作品	绘画、书法、雕塑、动漫（人物原型、手稿）
视频		电影、电视、动画、音乐（MV）、曲艺、舞台演出、广告、游戏视频
音频		音乐、曲艺、录音文件

3. 数字版权

数字版权是个人或企业等主体作为文学、艺术、科学等数字作品的作者，对作品享有的权利，包括发行、修改、复制、传播、收回、获得经济报酬等权利，是版权进入数字化时代的丰富和补充。

按我国著作权法规定，作品版权自完成时由作者自动获取，只要满足法定的作品构成条件以及被创作的对象满足，作品即可受到《中华人民共和国著作权法》（以下简称《著作权法》）保护。传统媒体的存储形式与使用方式已经被互联网技术所改变。将传统媒体数字化、网络化后，书籍、音乐、照片更有利于复制、保存和分享，公众能够通过网络更直接、更迅速地获取免费数字作品。

（1）数字版权保护逐渐得到重视。创作者作品蕴含智慧的结晶，需要法律来保护，用户使用前应当在作者同意的情况下支付作者相应的费用。现在各种数字作品可以在网络上轻易地被用户获取并进行任意地复制、修改和传播，严重侵犯了原作者的合法利益，对他们的创新动力造成了重大打击。数字版权管理以保护数字媒体的版权为目的，是在互联网上广泛传播的电子音频视频节目发展起来的一种新技术。数字版权管理通过数字水印、版权保护、数字签名、数据加密等技术，避免数字媒体的非法复制，或者使复制变得困难，这样能够有效地保护原作者的合法权益。

（2）对于数字技术革命对版权保护的冲击，我国立法层面积极应对。目前，还没有专门的立法对数字版权进行保护，但已有法律对其进行加强修订和完善。例如，2001年《著作权法》增加信息传播权；2005年颁布的《互联网著作权行政保护办法》规范了网络服务运营商关于版权的行政责任；2011年最高人民法院等多部门联合印发了《关于办理侵权知识产权刑事案件适用法律若干问题的意见》，规定了通过信息网络传播侵害他人作品权利行为的定罪标准等。

（三）数字权益类资产

1.数字权益类资产的定义

数字权益类资产是资产数字化后在网络空间中以数字形式存在的权益凭证。数字权益凭证可以大范围地流通，能用来消费、交易、兑换。从货币到票据，现实中已经存在的金融资产或权益，如公司股权、债权、知识产权、信托份额或黄金珠宝等实物资产，都可以转变为网络空间中流通的数字权益凭证。

数字权益类资产的价值表现在以下两个方面：一是解决实体等流动资产本身存在的难流通问题。实体资产存在难以合理定义价值、难以确定资产权利和资产流通效率低下等问题。数字权益凭证能实现资产的唯一性、防伪性和流通性，基于加密、编程等要素，从而配合监管部门实现数字权益的可追溯、防伪和审计。二是促进资产交易，给资产价值流通及社会关系带来全新的改变。数字权益凭证作为中下层价值媒介，连接了底层物理世界和数字世界，使实物资产在两个世界中实现有效的互联互通和资产流转，从而真正赋能实体经济。

2. 资产数字化的定义

资产数字化是指把物理空间的各种实物或非实物资产通过数字技术映射到网络空间，将资产的使用权和所有权转化为可确定归属的数据。数字化后的资产在网络空间也同样具备物理空间中资产的各种属性，使经济活动中关键的交易环节不再局限于现实世界的时空，可以在互联网上自由传递和流通，从而提高了价值的流转速度和降低了交易成本。数字权益类资产与物理空间中资产的一一对应，一旦发生价值变动，无论是发生在现实世界还是数字世界，价值也进行同步变动，在节省时间成本的同时，也让市场经济活动中的交易更加频繁。数字化后的权益类资产可以直接在互联网上对资产进行确权、交易和流转等操作。

（1）资产映射。资产映射是指将物理世界的资产映射到区块链中的数据，通过数字孪生技术和信息技术对物理实体的组成、特征、功能和性能进行数字化的定义和建模，提取现实世界中资产的相关数据。数字孪生映射如图 6-1-1 所示。

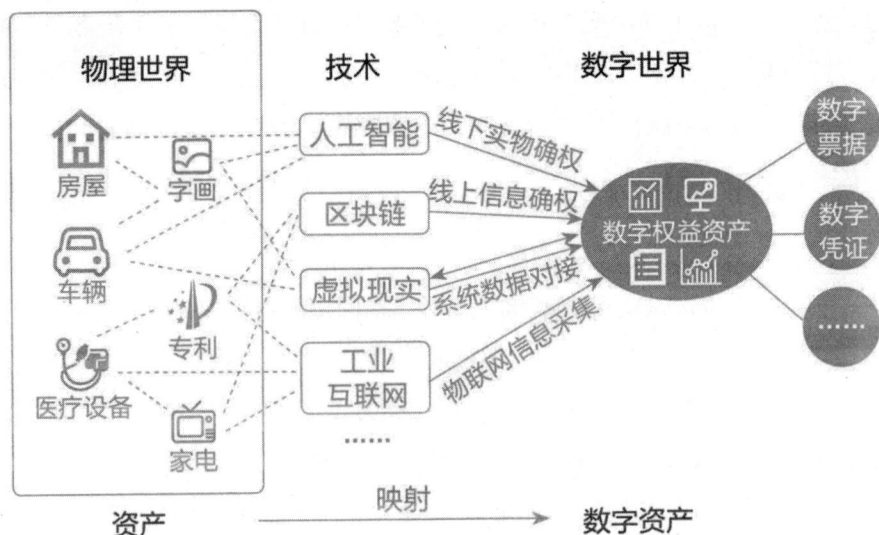

图 6-1-1　数字孪生映射

（2）资产确权。资产确权包括资产登记、资产审核、权属认定、资产审计认定等过程。资产登记是将资产的完整信息和特征在机构注册、登记。资产审核是通过对实体资产出让方、权属以及财务法律的审核，确认资产的真实性、唯一性是否含有瑕疵。资产权属是指对资产的所有权及使用权进行确认。资产审计认定是指资产需要符合法律法规，必要时还需要各行各业监管部门的背书，或者需要由专业评估机构完成认定。

（3）资产交易流转。数字化后的权益类资产可以在资产评估后，直接在互联网上进行资产的交易和流转。挂牌公示是当资产的基本信息、权属关系和定价都明确以后，有价值的资产为了交易可以线上进行挂牌展示。交易签约是购买方和所有方在线上完成签约交易的过程。结算是指根据合约的条款完成资金结算。权益流转是指数字权益类凭证资产在完成交易结算后，在线上变换资产的所有人，确认购买方享有资产特定的权益，并可以进行自由流转。交割是指多数权益类资产需要在物理世界中继续完成交割。例如，房屋使用权需根据网络的契约在线下行使居住的权力。资产数字化交易流程如图 6-1-2 所示。

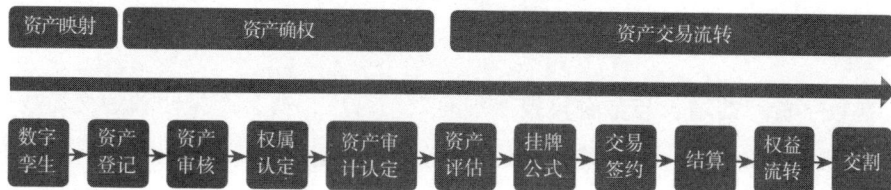

图 6-1-2 资产数字化交易流程

三、数字资产的变革作用

（一）数字资产将释放数据要素价值

数字资产的发展将进一步完善数据要素定义定价和交易市场。数字资产市场定价标准是确保数据要素交易是否符合市场的定价依据。随着数据交易规则和数据交易标准更加健全，制定数据交易格式、交易管理方法等标准体系，可以为数据要素的市场化提供支撑。未来通过建立数据资产评估机制、数据资产会计入账目等制度，确保企业数据在企业资产中得到应有的价值体现，最大限度地利用数据价值。

（二）有助于实现数字经济普惠共享

数字经济发展的根本目的是坚持普惠共享，提升民生福祉。2005 年，联合国提出了"普惠金融体系"，让每一个人都能享受到金融服务的好处，尤其是那些在传统金融体系没有享受到金融服务的群体。要想达成这一目标，法定数字货币研发是推动普惠金融发展的重要内容。

2016 年，我国央行发布的《G20 数字普惠金融高级原则》提倡"与金融行业合作，探索发行法定数字货币对普惠金融的益处"。文件用"国家和政府的战略价值"把推广数字普惠金融的意义推送到了前所未有的高度。要推动普惠金融发展，推行法定数字货币是重要措施之一，这充分反映了各国央行在研究法定数字货币上的积极态度，也从侧面反映了法定数字货币的重要性。先进的数字技术可以被充分利用在法定数字货币的使用中，对农村、偏远地区、弱势群体而言，要加大在这些地区和群体金融服务惠普及力度，把适宜、负责任的金融服务提供给这些受限人群，从而创造有利条件让现代数字经济走进他们的生活，让新时代经济发展的果实惠及更多的人民。

（三）为数字经济发展提供新动能

在数字资产的增长与金融科技实现有效结合后，便会产生便利的交易场所、资产管理工具和产品、金融服务等促进数字资产快速发展。如果把数字资产的创新性和灵活性充分发挥出来，对数字资产研究和实践之后，会发现把数字资产融合进现代资产体系具有创新性的变革作用和重要的现实意义。数字经济发展的必然趋势是发展数字资产，并利用其推动数字经济和实体经济深度融合，使新的经济增长形态不断产生。

（四）推动全球数字贸易新格局

数字产业在我国蓬勃发展，数字时代的象征是数字贸易，也是未来贸易前进的方向。国际贸易在新冠肺炎疫情的挑战下面临严峻的发展形式，降低疫情影响、对冲经济下行的关键是推行产业数字化。数字贸易的基石是各国间的信任与合作，全球数字治理体系也能在全球数字资产发展的带动下快速建立起来，不仅推动数字贸易规则在多边、区域等层面的协调，还推动组织与制度创新在隐私保护、数据确权与安全、数字税收、数据法治等方面不断取得发展。通过共享数字贸易成果，努力弥合数字鸿沟，共促数据开源开放，共建信任网络，以数字技术、数字贸易增进人类福祉。

第二节 数字资产发展现状

一、法定数字货币的研发稳步推进

虚拟数字货币以区块链技术和加密技术的发展为基础，虽然获得了去中心化和交易匿名的功能，但是虚拟数字货币不具备法定数字货币的地位，如果虚拟数字货币发行可能会对金融市场监管、货币发行以及个人信息方面带来巨大的挑战。以比特币、Libra为代表的各类虚拟数字货币快速发展，越来越多的主体参与到虚拟数字货币中，首次币发行（Initial Coin Offering，ICO）融资项目快速增长，ICO市场无序快速发展不利于金融秩序和社会稳定。基于此，各国政府中央银行开始进行法定数字货币的研究，法定数字货币的法偿性特征使法定数字货币在面对虚拟数字货币冲击主权地位时降低受到的侵害，同时法定数字货币可以实现无纸化，降低成本，提高交易效率。

在过去几年中，中国人民银行以数字货币研究院为核心，联合数家商业银行，从数字货币方案原型、数字票据等多维度研究了央行数字货币的可能性。

（1）对法定数字货币进行初级技术储备、知识积累以及交易平台研发等相关研究。中国人民银行从2014年针对研究央行数字货币，成立了专门的研究小组，对数字货币的一系列研究在2015年由中国人民银行发布，并针对央行发行数字货币的原型方案进行了两轮修订。2016年1月，央行首次提出对外公开发行数字货币的目标。2016年12月，区块链的首个试验由央行和几家主要的商业银行共同参与。

（2）稳步推进法定数字货币的发展，成立相关研究机构，并正式提出DC/EP（DC，Digital Currency，数字货币；EP，Electronic Payment，电子支付）的概念。2017年1月，我国央行正式成立中国人民银行数字货币研究所。2017年2月，以区块链为基础的数字票据交易平台在央行测试成功。2017年5月，以数字货币、金融科技等为研究方向的央行数字货币研究所正式挂牌。2017年6月，央行发布关于冒用中国人民银行名义发行或推广数字货币的风险提示。2018 年 3 月，在十三届全国人大一次会议上首次提出 DC/EP 的概念，我国央行研发的法定数字货币的名字是 DC/EP。2018 年，全国货币金银工作电视电话会议在央行的组织下召开，会议指出"稳步推进央行数字货币研发"。

（3）明确完成设计研发等基础工作，目前已进入方案试点和信息技术基础建设阶段。Libra 白皮书发布后，央行对 DC/EP 的研发速度加快。2019 年 5 月，在贵阳举办的 2019 中国国际大数据产业博览会上，央行数字货币研究所开发的"湾区贸易金融区块链平台"（PBCTFP）贸易融资的区块链平台亮相。2019 年 11 月 28 日，央行副行长在"第八届中国支付清算论坛"上表示，央行针对法定数字货币的顶层设计、标准制定、功能研发、联调测试等工作已经基本完成，下一步将选择试点验证地区、场景和服务范围作为工作重心，使 DC/EP 功能获得进一步优化和丰富，推进数字化形态法定货币出台应用。2020 年 1 月，央行数字货币基本研发完成且即将推出，并迅速搭建基于 DC/EP 的区块链跨境结算体系，在部分城市示范运营法定数字货币。2020 年央行工作会议召开，强调继续稳步推进法定数字货币研发。2020 年 4 月，启动了内部封闭测试，央行数字货币试点地区是"4+1"，即先行在深圳、苏州、雄安新区、成都及 2022 年北京冬奥会场景进行内部封闭试点测试，主要应用于小额零售交易的场景。2020 年 7 月，央行数字货币研究所与滴滴出行达成战略合作协议，为未来 DC/EP 场景落地提供了更大的想象空间。2020 年 8 月，商务部印发《全面深化服务贸易创新发展试点总体方案》，指出在部分条件具备的试点地区开展央行数字货币试点工作，如京津冀、长三角、粤港澳大湾区等。2020 年 9 月，央行数字货币研究所与京东技术科在数字人民币项目上正式达成战略合作，针对移动基础技术平台、区块链技术平台等项目进行共同推动，合作研发建设。2020 年 10 月，深圳市人民政府联合中国人民银行开展数字人民币红包试点，DC/EP 落地进程加速推进，试点范围进一步扩大。

二、我国高度重视数据资产发展

（1）国务院高度重视数据要素的市场化配置。2014 年 3 月，《政府工作报告》中首次出现"大数据"字样，2015 年国务院常务会议 6 次提及大数据应用。2020 年 4 月，中共中央、国务院《关于构建更加完善的要素市场化配置体制机制的意见》首次提出"加快培育数据要素市场"，明确"引导培育大数据交易市场，依法合规开展数据交易"。

（2）在国家政策的推动下，数据资产交易平台蓬勃发展。自 2015 年 4 月贵阳大数据交易所正式挂牌运营以来，全国陆续出现了 48 个大数据交易中心。目前，西南、华东和华北地区是国内大数据交易平台的主要分布地区，并且集中于贵州、重庆、上海、江苏和北京等发展较快、经济水平较高的城市。平台的分布与地区的经济发展水平相关，这些城市为大数据交易平台的发展提供了广阔的舞台，同时政府的战略规划和支持也发挥着重要作用。

（3）我国加强个人信息保护、数据安全领域立法。2020 年 5 月，十三届全国人大三次会议第二次全体会议召开。全国人大常委会工作报告在下一步主要工作安排中指出，制定个人信息保护法、数据安全法等相关法律，加强国家安全和社会治理，进一步体现了我国对个人隐私保护、数据信息安全的重视。

（4）我国数据资产保护标准体系逐步制定。我国数据保护相关标准主要是关于数据安全、个人信息保护。全国信息安全标准化技术委员会（TC260）的大数据安全标准特别工作组（SWG-BDS）自 2016 年成立以来，在数据安全和个人信息保护方面已发布 6 项国家标准。在个人信息保护方面，主要聚焦于个人信息保护要求、去标识技术、应用程序收集个人信息、隐私工程、影响评估、告知同意、云服务等内容，已发布 GB/T 35273《信息安全技术个人信息安全规范》和 GB/T 37964《信息安全技术个人信息去标识化指南》两项标准。在数据安全方面，主要围绕数据安全能力、数据交易服务、政务数据共享、健康医疗数据安全、电信数据安全等内容，我国已发布的数据安全相关标准如表 6-2-1 所示。

表 6-2-1　我国已发布的数据安全相关标准

标准号	标准名称	标准内容
GB/T 35274	《信息安全技术大数据服务安全能力要求》	我国大数据产品亟须发展和大数据服务质量亟待提升，面临诸多的问题，国内主要互联网企业和测评机构在大数据服务安全方面已经拥有一定的实践基础，对大数据服务提供商的大数据服务在安全能力上提出了有组织、有数据和有大数据系统的要求，将《网络安全法》中关于大数据安全保护的相关要求进行了落实，有了标准化的支撑，其落地实施就更加稳健。

标准号	标准名称	标准内容
GB/T 37932	《信息安全技术数据交易服务安全要求》	交易参与方根据数据交易服务的参考框架和安全原则可分为数据供方、数据需方及数据交易服务机构，对交易对象的安全要求从保护四个方面进行论证：禁止交易数据、数据质量要求、个人信息安全保护及重要数据安全；把交易申请、交易磋商、交易实施、交易结束4个阶段定义为交易过程，并对数据交易过程各阶段的安全要求做了规定。
GB/T 37973	《信息安全技术大数据安全管理指南》	首先对大数据安全管理基本概念、大数据安全管理的基本原则（包括职责明确、合规、质量保障、数据最小化、责任不随数据转移、最小授权、确保安全和可审计）做了明确规定，针对大数据安全提出了几点要求（包括保密性、完整性、可用性及其他需求）；其次对数据分类分级的原则、流程及方法做了介绍，对数据采集、数据存储、数据处理、数据分发、数据删除等活动从组织开展大数据安全管理活动的角度进行了定义，每个活动的基本概念以及常见的子活动进行了描述，并针对每个子活动提出了安全要求；最后对组织评估大数据安全风险的方法给出了指导。
GB/T 37988	《信息安全技术数据安全能力成熟度模型》	涉及数据的组织机构，分别从数据生命周期的安全控制措施、通用控制措施、能力成熟度评估模型方面进行介绍。

中国通信标准化协会（CCSA）成立了大数据技术标准推进委员会（CCSATC601），数据资产管理方面的标准化研究工作是由其中的数据资产管理工作组专门从事，已发布了《数据资产管理实践白皮书（5.0）》。未来，主数据、数据标准和数据质量等标准制订会由该委员会继续进行，并对数据资产管理评估的模型进行研究开发。

2019年7月1日，工业和信息化部发布了《电信和互联网行业提升网络数据安全保护能力专项行动方案》。该方案提到了要出台《网络数据安全标准体系建设指南》，加快完善行业网络数据安全标准体系。该项工作由中国通信标准化协会的网络与信息安全技术工作委员会承担，目前规划的数据安全标准体系包括基础共性、关键技术、安全管理、重点领域四大类标准。

除了上述个人信息安全和数据安全标准以外，人工智能安全标准的研究和制定也取得了一些进展。在人工智能基础共性标准、生物特征识别安全标准、自动驾驶安全标准、智慧家居安全标准方面不断取得成效，新技术的数据安全相关标准如表6-2-2所示。

表 6-2-2　新技术的数据安全相关标准

标准状态	标准名称	标准内容
研究	《人工智能安全标准研究》	国内外人工智能安全相关的政策、标准和产业现状经过本项目的充分调研，对人工智能面临的安全威胁和风险挑战以及人工智能各应用领域安全案例进行了分析和梳理，将人工智能安全标准化的需求加以提炼，对人工智能安全标准体系进行研究。
研究	《人工智能应用安全指南》	该项目将切入点设为人工智能应用，对人工智能应用的安全性进行分析，奠定人工智能安全应用相关标准的基础。
修订	《信息安全技术虹膜识别系统技术要求》	由全国信息安全标准化技术委员会提出。该标准规定了虹膜识别系统的技术要求，为以虹膜识别技术身份鉴别提供了技术支持。
制定	《信息安全技术基于可信环境的生物特征识别身份鉴别协议框架》	对包括协议框架、协议流程、协议规则以及协议接口等在内的可信环境的生物识别身份鉴别协议框架做了详细规定。
制定	《信息安全技术指纹识别系统技术要求》	该标准分析了指纹识别系统的安全威胁和安全目的，如何对指纹识别系统的潜在安全风险进行规避，对指纹识别系统的安全技术要求进行了明确，使指纹识别技术在信息安全领域的应用得到规范。
制定	《信息安全技术汽车电子系统网络安全指南》	该指南将工业界、学术界的实践经验作为借鉴，指导电子汽车系统的网络安全活动。
制定	《信息安全技术车载网络设备信息安全技术要求》	该要求针对智能网联汽车行业中关于车载网络设备信息安全技术标准问题提出解决方案，要求车载网络设备信息安全技术标准要科学、统一。
制定	《信息安全技术智能家居安全通用技术要求和测试评价方法》	该标准对智能家居通用安全技术要求做了详细规定，包括智能家居整体框架、智能家居安全模型以及智能家居终端安全要求、智能家居网关安全要求、网络安全要求和应用服务平台安全要求，适应于智能家居产品的安全设计和实现，智能家居的安全测试和管理也可参照使用。
制定	《信息安全技术智能门锁安全技术要求和测试评价方法》	规定了智能门锁的信息安全技术要求和测试评价方法，对特斯拉线圈攻击、生物识别信息仿冒、远程控制风险等智能门锁安全的新问题提出解决方案。

三、数字版权保护体系逐渐完善

（一）互联网法院推动完善司法组织体系

网络侵权案件虚拟性、公民维权意识提高、司法资源供求失衡、传统诉讼成本高等现状和问题，推动司法组织体系变革。2017~2018 年，杭州互联网法院、北京互联网法院、广州互联网法院相继成立，实现网上立案、在线调解、在线审理，在提高审判质量效率、节省诉讼成本、减少当事人诉累等方面实现了跨越式发展。其中，互联网著作权权属、侵权纠纷案件均为三大互联网法院重点受理和审理的案件类型。以北京互联网法院为例，2018 年 9 月至 2019 年 9 月，北京互联网法院负责受理的 11 类互联网案件中，"著作权权属、侵权纠纷"类案件收案 26607 件，占所有类型案例全部收案数量的 77%。

（二）行政部门专项整治强化监管力度

在行政保护方面，中国最高的著作权行政管理部门是国家版权局，在著作权行政执法机关中级别最高。国家版权局采用专项整治与重点监管相结合手段对数字版权保护方面加大力度管理。国家版权局联合国家网信办多部门持续开展打击网络侵权盗版"剑网行动"，针对网络侵权盗版的热点难点进行打击，先后对网络视频、网络音乐、网络文学、网络新闻转载、网络云存储空间、应用程序商店、网络广告联盟等各个领域的网络侵权盗版行为开展了专项整治，集中强化打击力度。

（三）行业协会和联盟加强行业自律

在社会保护方面，中国音乐著作权协会、中国摄影著作权协会、中国电影著作权协会、中国文字著作权协会等著作权集体管理组织以社会共治的管理方法，利用多维度合作来保护合法权益。针对短视频领域开展行业自律活动，发布《中国网络短视频版权自律公约》《网络短视频平台管理规范》。此外，数字版权保护技术应用产业联盟、数字版权维权联盟、媒体版权保护联盟国家版权交易中心联盟等组织宣传推广版权保护研发成果及其他相关技术成果，维护数字版权作者权益，对促进数字版权保护技术发展与应用起到了积极作用。

第三节　区块链推动数字资产发展

一、区块链有助于降低中介成本

传统资产的发行、登记、交易、确认、记账对账和清算，涉及流通渠道在内的各个上下游机构，包括资产发行方、资产交易方、交易所等，在资产流通的过程中，实体的资产由于流动性差，交易难度较大，购买的阻碍和成本会非常高。除此之外，在传统的资产服务中，虽然通过第三方的介入才可以使资产所有者证明、真实性公证等流程完整，但部分问题在三方合作模式中仍然难以解决：①资产进入流通后，资产的使用、转移只有通过资产发行方系统才能完成，这就导致用户群只有在发行方系统才能实现资产流通；②传统的资产流通渠道基本只有大渠道，这使得流程成本变高。行业大渠道由于垄断地位大幅增加费用，小渠道和个人难以在流通环节发挥作用。

为了避免上述痛点问题，当前的做法是由一个可信任的技术来掌握资产、确权资产，构建强信用背书替代第三方平台，拓宽资产流通渠道。区块链利用"分布式"和"去中心"的优点，全面赋能数字资产，降低中介成本。首先，数字资产点对点的交易通过去中心化得以实现，每个交易参与者的账本都能体现分布式账本对交易的快速反应保障，数字资产交易与清算也可以实现同步。所以，交易中介因中心化的清算组织等，其存在的必要性被区块链消除了，数字资产交易成本得到了降低。其次，数字资产的数据记录在区块链技术的保障下获得了全网公开透明和不可篡改的优势，信任问题从技术上得到了解决，大规模协作可以在不需要建立互信的前提下进行，这些都依仗于区块链技术的应用。这使信任中介在一定程度上被替代了，从而使信任中介的成本消耗得以减少，社会的中介成本得到削减。

二、区块链催生多种加密数字货币

第三方机构可以帮助传统金融业促进交易顺利进行，如银行、保险、交易所等中心化的可信机构作为业务开展的担保。在绝大多数情形下第三方作为中介的交易模式虽然有良好的表现，但问题也相应存在：一是中心化机构内部的操作难以做到公开透明，内部人员暗箱操作的情况时有发生；二是不仅在建设及维护中心化机构过程中的成本高，人工管理也有着较高的成本；三是网络黑客常会把中心化机构作为攻击目标，为防造成财产损失需要时刻防范黑客的网络攻击。

金融业务去中心化架构的目标因区块链技术的提出有了新的可能。每个节点都实现了交互，交易的工作效率大大提高，交易成本也降低，业务交易能力和工作效率都获得了巨大的提升，中心化机构存在的问题也都得到了解决。

三、区块链有助于数字资产确权

在数字经济发展过程中，数据资产确权是数据资产流通交易，实现市场化配置的基础，只有明确产权、保护产权才可以使数字资产参与流通环节并获得收入，形成清晰界定的所有、使用、收益、处置等不同权利机制，充分释放数字资产价值，实现数字资产的安全交易。传统形式的资产登记存储于中心化数据库中，中心数据库易受到攻击使得资产安全性难以得到保障，并且网络中的数据易被复制和传播，资产难确权，不能让所有者获得合理的经济利益。

如果为数字资产权属寻找支撑，区块链的技术逻辑是可以胜任的。数据确权可以利用区块链的数字签名、共识机制、智能合约等技术让数据的授权访问和使用得以实现，这就需要将数据要素的所有者、生产者和使用者作为重要的节点加入区块链网络中，使身份体系和责任划分体系建立得既有很强的安全感，又有很高的可信度。再根据不同的身份赋予访问权限，并进行全周期的记录与监控数字资产的传输、使用、交易与收益，为数字资产的流通提供坚实的技术基础。

四、区块链有助于提高数字票据真实性和可信度

作为一种便捷的支付结算、融资和货币政策工具，票据不仅能够对企业和银行短期资金的需求给予满足，还能利用利率市场化先行的优势，获得金融机构和监管机构的关注。数字技术发展的今天，数字票据市场虽然逐渐取代了传统的纸质票据，但是频频发生关于数字票据的不良案件，使市场各个主体对数字票据风声鹤唳。数字票据本身也拥有三个缺陷：一是票据造假，目前票据造假、伪造票据的行为在市场中仍然存在。二是票据违规交易，为了谋取私利，在票据市场中

进行一票多卖、清单交易、过桥销规模、带行带票、出租账户等违规行为大有人在，监管部门对其进行的管控和风险防范并未取得较好的效果，融资套利和规避监管行为在票据市场逐渐愈演愈烈。三是票据信用风险较高，承兑人不及时兑付到期商业汇票等现象。

区块链技术以其不可篡改性、可追溯性、高安全性等技术特性，有效解决了传统票据交易市场存在的诸多痛点，为优化现行数字票据市场提供了更好的选择。一是区块链能将票据价值传递模式进行重塑，运作效率可获得大幅提升。采用区块链去中心化的分布式结构后，现有的系统存储和传输结构被完全改变了，使多方节点间建立全新的连续"背书"机制，真实反映了票据权利的转移过程，直接提高整个票据市场的运作效率。二是区块链能够规避违规操作，降低监管成本。在区块链中，经过多方共识达成数据一旦上链后，区块链中的全节点都共同维护同一个账本，所有节点都可作为备份节点，使单点违规操作无法进行，同时在共识机制中会有对不良节点的惩罚措施，如 PoA（Proof of Authority，权威证明）共识机制中会将作恶节点踢出授权节点列表。利用智能可编程的特点在票据流转的过程中，通过智能合约进一步控制节点操作和票据流转过程，有助于建立更好的市场秩序。三是区块链能确保数字票据真实有效，赋能数字票据信任属性以达到信任传递。区块链利用多方共识机制实现了数字票据经过多方交叉验证后才可上链，加密机制的引入实现了对节点的身份验证问题，数字签名、加密机制等多种加密算法实现区块链中数据真实有效、不被篡改。在数字票据流通过程中，区块链中数据不可篡改、可追溯性使得数字票据可以灵活便捷地拆分和重组，满足现在金融、物流、贸易等大体系商业场景的需求。

五、区块链有助于保障数字资产流通安全

在互联网大数据时代中，大量数字资产存储在中心化的服务器中。在进行数据资产交易过程中，存储在中心化服务器中的数据往往会出现很多问题，导致当下的数据资产交易产生可靠性不足、真实性不够的问题。一是中心数据存储问题严重。大型中心化平台对流量的垄断与控制、数据分散，形成数据孤岛，不能进行跨平台提取交易，导致数据流通不畅，数据缺乏真实性和完整性。二是隐私数据难保护。由于数字资产的流通过程全部基于网络，包含组织机构的关键数据和

公民的个人隐私信息，随着数字资产的交易使得这些数据面临了泄露和被盗的风险。交易平台可能在交易过程中缺少关键数据和隐私信息的加密保护和追溯管理。三是数据交易市场缺少有效的仲裁手段，数据交易纠纷难以取证。

区块链是一种去中心化分布式账本，通过加密算法可以将多源异构的数据进行上链存储，能够打破数据孤岛，使链上数据可以自由交易。一是保障数字资产存储安全。数据经过区块链共识机制达成共识后，会保存在全网节点的数据账本中，单点数据的丢失不会影响数据的完整性，通过区块链哈希算法提取数据指纹，建立数据和指纹的对应关系，任何形式数据的造假都会导致数据指纹发生变化，从而保障了数字资产的真实性和完整性。二是有助于用户隐私数据的保护。区块链的数字签名和非对称加密等技术会对数据进行加密处理，链上节点只能看到加密后的数据摘要，只有通过节点授权才能查看数据内容，从而保护数据隐私。三是有助于保障数字资产交易安全。区块链以链式结构对数据进行存储，并对数据添加时间戳，这种顺序排列的数据结构使得数据操作和活动都可被查询和追踪，为数据全生命周期审计、溯源提供了有效手段；智能合约的引入能够在不需要第三方的情况下自动执行合约条款，有助于多方参与者根据事先约定规则处理交易、结算的事务，从而完成数据资产的安全流转。

六、区块链有助于提高数字资产管理能力

数字资产管理包括数字资产分布式存储、监管、数字资产交易谈判、参与主体收益分配、数字资产价值开发激励机制等方面。目前，关于数字资产管理的理论和实践并不多，主要有加密数字货币管理、数据资产管理、数字版权管理、资产证券化管理等。当前，社会对数字资产管理的认识不足，并且数字资产管理存在一系列问题，如数字资产被侵权，现有监管技术不能解决；数字资产集中管理占用大量资源，无法实现共享；数字资源价值开发激励机制不足、数字资产流通效率低等。

区块链技术的去中心化、不可篡改、可追溯特性及智能合约解决了上述的问题。一是区块链不可篡改、去中心化的管理实现数字资产的监管。区块链可以实现数字资产创作者、拥有者、传播者、消费者、广告商、投资人和监管者这些主体共同构成数字资产区块链上的节点。监管者作为区块链的一个节点，可以追溯

每一笔交易的历史痕迹，并对其他用户节点的交易信息进行实时监控，摸清底层资产，对风险事件的发生加强防范，且不需要事后申报等，构成了所谓的穿透式监管，大大降低了监管难度。二是区块链采用分布式存储机制，实现全网可查。分布式记账的方式能使各个分散的分布式节点都有账本信息存储其中，从而可以最大化地利用资源，减少浪费。三是区块链上分布式节点贡献存贮资源，进行记账，可以得到激励。基于区块链的分布式存贮会根据用户对分布式存储贡献程度的大小奖励相应的数字资产或者代币，鼓励更多的节点参与。另外，数字资产的内容提供方及需求方在链上签订智能合约，实现利益分配。四是区块链各主链之间虽然相互独立，但是可以通过跨链技术，实现各链之间相互连通的状态，各链用户和流通资产相互共享，从而提升整体的资产流通效率。

第七章 从分布式商业到分布式经济

"区块链+"赋能商业，着眼于从分布式商业到构造分布式经济，建立自主创新平台，解决信息不对称和恶性竞争问题。本章主要论述从分布式商业到分布式经济，内容包括"区块链+商业"=分布式商业和分布式商业与分布式经济。

第一节 "区块链+商业"=分布式商业

一、传统商业的天花板

（一）信息不透明、消费者偏好难以掌握

中介是一种依靠"转卖"信息获取差价的服务业，如租房中介、留学中介等。消费者购买服务虽然是为了获取更多的信息以弥补信息的不对称，但有时即便这些产品或服务是高价买来的，其效果也难以恭维。整个社会交易效率的低下，其中信息不对称是导致的原因之一。

在大数据时代，大部分公司在决策时可以利用数据作为辅助。通过大数据技术可以解决数据量（volume）、数据输入输出的速度（velocity）以及数据多样性（variety），数据可靠性（veracity）及透明性问题也可以利用区块链技术得到很好的解决。区块链本质上是一个不依赖第三方平台、弱中心化的可信数据库，即使透过自身分布式的节点，网络数据的存储、验证、传递和交流也依旧可以进行。例如，广告投放和在线交易平台是广告公司利用区块链技术开创的，在广告投放过程中项目可以由广告商独自设定，从而避免了中间商的介入，使数据驱动在营销上更加透明、公开。

在传统商业中，消费者偏好是企业难以准确掌握的，这是传统企业的一大痛

点，营销人员与消费者在时间、地点和需求理解方面相差很大。区块链的智能合约可以对消费者进行追踪，帮助企业了解消费者的偏好。同时，商家可以通过广告投放追踪每个用户浏览到的广告频率及内容，对消费者的偏好进行及时分析，广告投放频率及内容进行优化。此时，区块链会记录用户的浏览行为和身份信息。

（二）利益关系不公平、恶性竞争

目前的商业模式下，很多交易的利益关系难以得到平衡。如何让利益关系更趋于公平是我们仍然需要思考的问题。通过监管遏制恶性竞争形成有效竞争，促进行业自律、规范行业行为；建立和实施有效的"利益分享机制"和"利益补偿机制"；增强行业与相关部门的沟通合作，打造连接政府、企业和消费者的桥梁。利用区块链技术建立自主创新平台，发展更趋于公开、公平、公正的未来商业，建立分布式商业组织形式与利益关系。

二、"区块链 + 商业"的痛点

（一）信息不对称

传统商业模式及互联网商业模式存在严重的信息不对称现象。商家或平台掌握所有用户信息，用户却无法准确、清晰地明白商品或服务的性能及价值。区块链应用先天具备的公开透明、不可篡改等技术特性，可以有效减少信息不对称带来的负面作用。

（二）应用创新不足

目前，区块链底层技术的性能、数据弹性扩展、易用性问题以及共识机制、智能合约的安全性问题等，亟待完成突破性的技术提升，发展对应量子计算机的密码学算法的升级。从概念验证、理论阶段到商业落地，区块链技术需要探索、试错、演进，建立更加清晰成熟的商业模式。

（三）法律问题

数据流量由互联网上每一个用户贡献的数据所构成，因此数据的权益、收益应该归用户个人所有。事实与之相反，当下这些数据掌握在提供服务的企业手中。这些数据来源于用户的日常生活，包括所有在线的社交、出行、娱乐、消费记录等，与个人隐私息息相关。即使外泄，用户也无法对有关企业进行追责。互联网产业尚处于靠收集用户隐私、兜售产品、投放焦虑广告的初始阶段，没有建立适宜的经济体系。

三、解决方案

（一）商业模式降维化

传统商业模式是高维度的商业模式，信息不对称程度最高；互联网商业模式是中维度的商业模式，平台掌握所有用户信息，为利益相关方提供关系媒介；"区块链＋商业"是低维度的商业模式，所有信息均在链上，信息不对称程度最低。

为了更加契合互联网应用的落地要求，使用结构化的方式保存业务数据，通过链的共识保证业务数据的可信。传统区块链上的数据不是结构化的，数据之间难以关联，通过结构化业务数据，从交易数据到行为数据全部上链，将用户买过的商品、留下的评论、浏览过的网页足迹、去过的电商平台等内容全部数字化。通过链本身实现数据自解释，无须第三方应用对非结构化的数据进行解释，实现数据真实可信，确保数据价值传递，推动区块链技术落地和赋能实体经济。

从来源保证数据真实干净，不涉及用户隐私，让用户的数据价值发挥更大的效能。借力智能合约，实现基于可信入口的互联网应用商业模式创新。

（二）分布式管理

原有中心化组织与用户之间的不平等关系可以通过降维的手段来解决。降维后，区块链商业模式的重点变成处理一个水平面上庞大的用户（节点）关系。分布式网络中，每个人都是中心，同时每个人又都是节点，这其中权力和责任是相对应的。在这样的环境下通过公平竞争来获取利益，符合市场自由竞争的特性。

什么样的特点应该是成熟的分布式商业场最应具备的？首先，多方主体可以持有生产资料；其次，产品和服务能力是在多方主体共同努力下搭建起来的；最后，在商业过程中，主体间的相互关系是对等的，产品和利益分配规则透明等。

分布式技术随着分布式商业需求日益旺盛逐渐成熟起来。一方面，云计算技术以分布式架构为基础，现在已经在各个领域被广泛应用，为用户提供的产品与服务具有云端化、移动化、场景化等特点。另一方面，分布式账本区块链技术在自身优势领域开始发光发热，并按共识机制及治理方式的不同，划分为公有链、联盟链、私有链等。金融行业更加注重监管合规，通常选用联盟链的技术路线。

多方参与、共享资源、智能协同、价值整合、模式透明、跨越国界等特点是分布式商业显现出的特点，在商业模式发展很不成熟的当下，存在较大问题。目前，也有一些积分平台在实现权益互联互通时，通过扮演中介的角色来进行，由于流量入口掌握在积分平台的手中，等同于定价权与话语权被其掌握，其中最容易被牺牲的是小微商家与客户的利益，甚至由于缺乏对积分平台的监督，挪用客户权益与资金的现象等问题也大量存在。

（三）权益分解，打破传统

权益分解是区块链分布式商业模式的创举，通常所有权包括占有、使用、收益、处置四项权利。在传统商业模式中，所有权和经营权有分离也有不分离，分离的经营权掌握在特定经营者手上。在互联网商业模式中，所有权开始出现比较明显的分化，用户虽然享有大量互联网产品的使用权，但不具有占有、收益和处置权，用户与经营权关系较远，只有少部分众包产品具有相关性。

目前，区块链分布式商业模式的不足留出很大的发展空间。关键点是如何构建一个规范的货币市场，保障收益人的利益，使得风险转移，形成良性收益分配，权责利界限清晰分明，以及形成新的商业模式。

在分布式商业模式中，项目所有者、经营者、决策者、使用者、收益权人相互分离又相互依存。理想的商业模式是收益权人（持币者）承担较高的风险，通过货币市场获利，所有者通过项目利润获利，收益权人通过参与经营、决策来降低收益风险。

四、典型案例

2017 年初，微众银行提出了"分布式商业"概念。微众银行是由腾讯投资设立的互联网银行，腾讯认购该行总股本 30% 的股份，成为最大股东，主要业务包括消费金融、大众理财平台金融。业务模式为有营业执照即可申请贷款，最高额度 300 万元，无抵押、无纸质资料、无线下开户，在线申请即可，日利率低至0.01%，快至 15 分钟到账，无手续费。微众银行推出的"微粒贷"是国内首款实现从申请、审批到放款全流程实现互联网线上运营的贷款产品，具有普惠便捷的特点，是分布式商业的初期代表之一。

在金融科技创新带来更多发展契机的当下，受政治、经济、社会、技术环境的变化影响，未来主流商业模式的发展趋势将会是分布式商业模式。分布式商业是一种新型生产关系，具备多方参与、共享资源、价值整合、智能协同、模式透明、跨越国界等特征，由多个具有对等地位的商业利益共同体发起建立。

第二节　分布式商业与分布式经济

一、简要介绍

分布式经济（Distributed Economy，DE）是一种基于分布式地区，按照小规模、弹性单元的模式进行组织和相互协同连接的特定产出与分享模式。从分布式经济的定义中，可以提取出两个关键点：分布式的组织形式和弱中心化的利益关系。

现阶段，营商环境的良好建设是成为去除信息不对称的关键步骤，以区块链为基础的价值互联网建立是解决问题的重要举措。2019 年 7 月 26 日，"CHAINAGE 蚂蚁区块链创新日"由蚂蚁金服举办，在杭州举行。蚂蚁金服表示，区块链技术将在信息互联网基础上把"价值互联网"进一步打造出来，建立有着可靠信誉的价值互联模式，通过建立一个新型互联网，促使企业间进行数字资产的交换，不仅使商流、信息流、物流、资金流能够实现最大程度的协同并减少协同摩擦，也使商业价值流通可以通过跨机构的数据高效共享加以实现。使用区块链有很高的技术要求，如数据存储、加密算法、共识机制等。蚂蚁金服将企业间价值互联网的建立、跨机构信用体系的重构寄希望于区块链技术，使企业间的资产数字化、可信价值流转被区块链技术承担起来，从而推动区块链技术在商业领域的大规模应用，加速"万链互联"的发展进程。通过赋能生态连接与技术两个方面，区块链相关技术在蚂蚁金服的不断研发下，树立各类标杆应用，构建基础平台，各行各业的"上链"难度得到降低，建成区块链商用的"助推器"。

从趋势分析来看，一套广泛到无处不在的价值网络将在小局域网的大规模连接下完成。在金融服务领域，银行、保险公司、投资机构等跨境汇款、交易结算的资产认证和保护可以借助区块链来实现；在物流领域，快递公司物流网络的可见度和预测性可以利用区块链得到显著改善；在法律领域，利用区块链技术可以做到全流程存档与监测合同声明等电子文档；在农业领域，不少优质农产品依靠区块链技术实现全程溯源，保障产品品牌信誉，推动产销对接。

商业演进是一个阶段性、长期积累的过程。如图 7-2-1 所示，现阶段的商业是由传统中心化商业演变过来的改良版中心化商业，为之后发展分布式商业奠定了基础。改良版的中心化商业是指所有业务、所有资产和所有流转信息都要在这个区块链上存储，所有的线下资产是一种真实、不可篡改的映射。这种商业模式下的信息更透明、更对称，为引用与结合区块链技术提供了条件。蚂蚁金服利用区块链技术，在基于信息交互的"互联网"基础上，直接构建出一套高度协同的"价值互联网"。"价值互联网"以区块链技术为基础，将"局域网"的试点与运用在不少行业进行了推广和实行。

图 7-2-1　商业演进过程

分布式经济是由共识机制驱动的，其特点是分布式的组织形式和按照贡献收益，实现公平公正。在此基础之上，利益分配关系会更具备"共享"的色彩，相应地分布式的资源利用效率要比去中心化更高。个体的资源利用效率、创造力不仅会有质的提高，个体的身价也会有长足的飞跃。区块链能够解决分布式经济落地的两个核心问题，一是形成信任基础、保障所有人之间相互信任，二是分布式组织形式及弱中心化利益关系的顺利施行，使得分布式经济的到来成为可能。在区块链应用当中，"执行自动化"成为必要基础。在收益分成中，一旦大家对收益情况达成共识，那么所有的收益都会按照每个人的贡献情况自动打到个人账户当中，避免了人为操纵的可能。实现这种过程的工具叫智能合约（smart contract），意为自动执行的合同，同时通证（token）的应用也可以激发分布式经济的活力，让更多的人参与其中，获得收益。综上所述，分布式商业是未来经济发展模式的重要方向。

二、应用实例

杭州复杂美科技有限公司专注于区块链撮合系统、区块链清算系统的应用与推广，探索了区块链赋能传统商业、构建分布式经济的应用案例。

（一）简介

杭州复杂美科技有限公司从 2008 年开始致力于高性能撮合技术的研发。复杂美在研究主流区块链底层技术基础上，自主研发了区块链系统 Chain 33，采用实用拜占庭容错机制（Practical Byzantine Fault Tolerance，PBFT）。目前，复杂美已申请了 150 多项区块链技术的发明专利。

（二）应用场景

复杂美研发的区块链核心技术 Chain 33，是一个开发门槛低、可拔插、易升级、分层的区块链架构，可供开发公链、联盟链及私链等，并创立平行链架构及模块化体系。

基于区块链底层技术和 Chain 33 系统，复杂美在供应链应收账款转让（企业白条）、商品上链、积分等场景都有应用。

（1）票据应用：复杂美不仅开发了区块链票据处理系统，也和航空公司、家电巨头等合作了区块链票据撮合系统，用于提高企业内部的管理效率。

（2）供应链金融：基于区块链技术的供应链金融平台，具有发行、转让、贴现、兑付的前端功能及审核、管理、统计、风险控制的后端功能，能够促进中小供应商企业的资金流转，提高核心企业资信对中小供应商的转移、资金收益率并降低风险。

（3）仓单交易：复杂美建立了区块链底层的仓单交易平台，化工原料等都可在区块链上追溯，帮助企业降低成本。传统纸质仓单上链后成为数字仓单，可以反复交易、溯源，简化仓单的转移和交易。

（4）电商领域：实现交易信息上链、商品上链（出产地、物流、消费）、积分上链（发放、流转、兑换、消费、销毁），以及数字资产支付（替代现有中心化模式），实现对商品防伪溯源。

（5）红包模块：支持多种数字资产红包，红包可实时到账，红包数据记录在链上，账户安全便捷。

（6）聊天模块：基于区块链技术的聊天应用，可避免中心化聊天平台信息泄露的可能。

（7）场外交易（OTC）模块：基于区块链技术的OTC功能，可实现点对点线下交易等功能，有效避免中心化资产交易风险。

（三）典型产品

1. 区块链电商平台"上链购"

"上链购"区块链电商平台是复杂美以Chain 33区块链技术为底层，将商品数字化，实现商品资产上链。针对消费者网购商品质量参差不齐，产品实物和描述严重不符，商家商品溯源难，实物流通难的电商痛点，引入区块链技术后，通过区块链公开透明、不可篡改的特性，将商家商品上链，实现商品高流转性，双重保障消费者和商家的权益。真正实现在区块链平台上完成商品上链、下单、支付、流转等交易动作，全流程透明可溯源，便利消费者，提升商家销量。

2. 美的金融区块链票据应用平台

2017年，由美的集团与杭州复杂美科技有限公司联手打造了美好美的金融区块链票据应用平台。该应用平台包含了供需撮合、信用评级、分布式监管、数据存证和智能交易等区块链票据产品的功能。其中，票据业务的逻辑规则为承兑记账后才同步票据正面信息；同步信息后以短信、邮件方式通知收票人；供应商以客户名称或账号办理查询。供需撮合业务的逻辑规则为提供在线票据录入功能，补录票据正背面信息；票据发起融资申请时，锁定票据状态，不允许一票多卖；发布融资需求和买入需求时，以Shibor利率为基准，提供上下浮动区间；双方发布需求时允许群发和定向两种方式，同时支持有效期按天、周、月发布；自动撮合时以对象、有效区间、利率范围、票据形式、票据类型等条件自动匹配。

该产品通过区块链技术，加入了平台、银行和企业等多方主体，使交易的可信度、平台的安全性、技术维护难度、风险控制成本方面都得到增强。在区块链上，企业累积的信用是不可篡改的，这样不仅使融资成本有效降低了，还把供应链上下游企业融资难、成本高的问题解决了。核心企业也能对供应链上的中小企业以及相关服务更好地进行管理。

3. 京东区块链防伪追溯平台

京东消费品解决方案的推出是以区块链技术的弱中心化、共识机制、不可篡改、信息可追溯等特点为基础。截至 2020 年 2 月，平台已经累计有超过 700 家品牌商和超过 5 万个 SKU 入驻，入驻品牌商包括雀巢、惠氏、洋河、伊利等知名企业。平台上链数据多达 13 亿条，产品种类涉及食品、酒类、奶粉、日用品和医药用品等，将安心可靠的消费体验贯穿于整个消费过程中。

消费者视野拓展和购买力提升后，跨境购物成为重要的消费种类，如高品质的牛肉一直是消费者追求生活品质的消费品偏好。自从 2018 年 3 月，京东就开始与澳大利亚领先肉类产品出口商 Inter Agri 达成合作，利用区块链产品溯源技术，对引入的纯正安格斯牛肉进行销售追踪。消费者最直观的体验是每一块加入购物车的牛肉，都可以在区块链上找到可信的源头信息。这块牛肉产自哪个农场，牛是如何被饲养的，以及如何加工和运输，都可以追溯。因为，区块链信息不可篡改，这就意味着用户吃进嘴里的每一口牛肉都没有以次充好或假冒伪劣之忧。

区块链技术应用在澳洲牛肉的溯源，除了可以确保消费者买到源头清楚的优质产品外，还可以让消费者的消费体验得到提升。除了品味舌尖上的美味外，还可以对食材的源头细节进行评论，加成饮食的文化意涵。

根据京东海囤全球 2018 年的数据，该年度跨境购物用户增加了 3000 万，并引进了 3000 多个海外新品牌。区块链技术应用在商品溯源之前，虽然众多行业和领域都大量应用了追溯功能，但数据中心化、易篡改、流通环节数据分散、政府监管难等问题依然存在，不容易赢得消费者的信任。京东为了解决跨境商品流通渠道长、易出现假冒伪劣或是走私的行业难题，利用自身核心研发能力的区块链技术，将海外运输、海关报关检验检疫局报检、国内运输等信息全流程整合打通上链，将区块链技术赋能跨境电商体系，达到了该行业领先的服务和质量管理水平。

参考文献

[1] 张帆，邹蕾. 区块链技术助推数字经济发展研究 [J]. 现代工业经济和信息化，2022，12（1）：8-10，34.

[2] 高明华. 数字经济背景下区块链审计风险识别及防范 [J]. 财经界，2021（36）：176-177，190.

[3] 杨婷婷，贾树文. 数字经济时代下区块链技术应用面临的挑战 [N]. 中国社会科学报，2021-12-09（9）.

[4] 程梦瑶.5G+区块链 迎接数字经济时代奇点 [J]. 软件和集成电路，2021（11）：36-39.

[5] 王莉莉，李小莉. 数字经济下区块链技术与审计工作的融合 [J]. 会计之友，2021（21）：152-157.

[6] 李孟军，乔静静，安志勇. 数字经济下"区块链+供应链金融"发展模式探讨 [J]. 质量与市场，2021（20）：145-147.

[7] 邹治鑫，罗达，汪润之，等. 数字经济背景下农业区域公共品牌建设——基于构建区块链农产品溯源体系的视角 [J]. 现代商业，2021（29）：3-5.

[8] 秦娇. 数字经济时代区块链技术在会计业务中的应用 [J]. 财会学习，2021（27）：84-86.

[9] 张倩丽. 基于区块链技术的河南省数字经济发展研究 [J]. 中国集体经济，2021（28）：159-160.

[10] 廖锐. 区块链促进数字经济高质量发展研究 [J]. 合作经济与科技，2021（15）：19-21.

[11] 何思锐. 数字经济下的区块链技术赋能数字财务 [J]. 中国管理信息化，2021，24（13）：85-86.

[12] 尹涛. 数字经济下基于区块链技术的人才培养模式探究 [J]. 今日财富，2021

（12）：79–80.

[13] 章建赛 . 基于区块链技术的信用治理研究 [D]. 北京：北京邮电大学，2021.

[14] 钟明瞭 . 数字货币之价值研究 [D]. 武汉：武汉科技大学，2021.

[15] 张致远，陈宝利 . 基于"区块链 + 大数据"视角下的数字经济发展新路径 [J]. 贵阳学院学报（社会科学版），2021，16（2）：48–54.

[16] 何黎明 . 区块链助推产业链供应链数字经济发展 [J]. 中国物流与采购，2021（1）：14–15.

[17] 冯亚飞 . 数字经济对制造业绿色转型的影响机制与实证研究 [D]. 大连：东北财经大学，2020.

[18] 李佳佳 . 区块链重构数字经济在金融领域的应用研究 [J]. 国际金融，2020（9）：20–23.

[19] 崔连伟 . 区块链对数字经济高质量发展的影响因素研究 [J]. 时代金融，2020（24）：1–2.

[20] 陈晓华 .5G 时代数字经济与区块链发展趋势 [J]. 领导科学论坛，2020（16）：18–45.

[21] 李颋 . 积极推进区块链和经济社会融合创新，注入数字经济高质量发展新动力 [J]. 科技与金融，2020（6）：31–33.

[22] 唐晓丹 . 区块链助力数字经济发展的机遇与挑战 [J]. 科技与金融，2020（6）：34–37.

[23] 赵远明 . 区块链和智能合约在跨境支付中的应用 [D]. 上海：上海财经大学，2020.

[24] 张力 . 区块链数字版权保护平台的风险分析 [D]. 西安：西安电子科技大学，2020.

[25] 孙文，蔡玉平，李铁成 . 运用区块链技术助推河南省数字经济发展的思考 [J]. 创新科技，2020，20（3）：82–91.

[26] 吴桐 . 区块链在货币金融领域的应用：理论和实证 [D]. 北京：中央财经大学，2020.

[27] 欧阳日辉 . 区块链在数字经济发展中大有用武之地 [J]. 群言，2020（1）：19–22.

[28] 张夏恒，李豆豆．数字经济、跨境电商与数字贸易耦合发展研究——兼论区块链技术在三者中的应用 [J]．理论探讨，2020（1）：115-121.

[29] 林宏伟，邵培基．区块链对数字经济高质量发展的影响因素研究 [J]．贵州社会科学，2019（12）：112-121.

[30] 曹红丽，黄忠义．区块链：构建数字经济的基础设施 [J]．网络空间安全，2019，10（5）：75-81.